Novelas ejemplares: Rinconete y Cortadillo & La española inglesa

Exemplary Novels: Rinconete and Cortadillo & The English Spanish Girl

[Bilingual Edition]

Spanish – English

by Miguel de Cervantes

Translated by Möwenstein

ISBN: 979-8-89513-251-7

Original text: *Exemplary Novels: Rinconete and Cortadillo & The English Spanish Girl* (1613) by Miguel de Cervantes (1547-1616)

This bilingual edition—including translation, editorial revisions, formatting, and supplementary content—is produced and edited by Mowenstein Books LLC, with the original text faithfully reproduced from public-domain sources.

While every effort has been made to ensure accuracy, minor discrepancies may occur. Readers are encouraged to consult the original text for reference.

Cover Art: Inspired by *Hustling Sunlight* by Matthew Bakkom (www.hustlingsunlight.xyz)

Möwenstein Books™ is a trademark of and imprint published by Mowenstein Books LLC.

For permissions or inquiries:

Website: mowenstein.com
Email: copyright@mowenstein.com

Mowenstein Books LLC
DE, USA

Contents

Rinconete y Cortadillo

Rinconete and Cortadillo

1.1 En la venta del Molinillo, que está puesta en los fines de los famosos campos de Alcudia, como vamos de Castilla a la Andalucía, un día de los calurosos del verano, se hallaron en ella acaso dos muchachos de hasta edad de catorce a quince años:

In the inn of Molinillo, which is located at the end of the famous fields of Alcudia, as we go from Castile to Andalusia, one of the hot summer days, two boys of perhaps fourteen to fifteen years of age were found there:

1.2 el uno ni el otro no pasaban de diez y siete;

the one and the other were not more than seventeen;

1.3 ambos de buena gracia, pero muy descosidos, rotos y maltratados;

both were of good grace, but very untidy, broken and mistreated;

1.4 capa, no la tenían;

they did not have a cloak;

1.5 los calzones eran de lienzo y las medias de carne.

their breeches were of canvas and their stockings of flesh.

Bien es verdad que lo enmendaban los zapatos, 1.6
porque los del uno eran alpargates, tan traídos como
llevados, y los del otro picados y sin suelas, de manera
que más le servían de cormas que de zapatos.

It is true that the shoes made up for it, because the shoes of
the one were espadrilles, as worn as worn, and those of the
other were chopped and without soles, so that they served
him more as corms than as shoes.

Traía el uno montera verde de cazador, el otro un 1.7
sombrero sin toquilla, bajo de copa y ancho de falda.

The one wore a hunter's green montera, the other a hat
without a headdress, low-crowned and wide-skirted.

A la espalda y ceñida por los pechos, traía el uno una 1.8
camisa de color de camuza, encerrada y recogida toda
en una manga;

One wore a camouflage-colored shirt, enclosed and
gathered all in one sleeve;

el otro venía escueto y sin alforjas, puesto que en el 1.9
seno se le parecía un gran bulto, que, a lo que después
pareció, era un cuello de los que llaman valones,
almidonado con grasa, y tan deshilado de roto, que
todo parecía hilachas.

the other had a shirt without saddlebags, since on his chest
there seemed to be a large lump, which, as it later appeared,
was one of those collars they call walloons, starched with
fat, and so frayed from being torn that it all looked like lint.

Venían en él envueltos y guardados unos naipes de 1.10
figura ovada, porque de ejercitarlos se les habían
gastado las puntas, y porque durasen más se las
cercenaron y los dejaron de aquel talle.

In it were wrapped and kept some cards of oval shape,
because from exercising them the tips had been worn out,
and so that they would last longer they were cut off and left
of that size.

1.11 Estaban los dos quemados del sol,
They were both sunburned,

1.12 las uñas caireladas y las manos no muy limpias;
their fingernails were fallen and their hands were not very clean;

1.13 el uno tenía una media espada, y el otro un cuchillo de cachas amarillas, que los suelen llamar vaqueros.
the one had a half sword, and the other a knife with yellow handles, which they usually call cowboys.

2.1 Saliéronse los dos a sestear en un portal, o cobertizo, que delante de la venta se hace;
The two of them went out to sit in a doorway, or shed, which is in front of the inn;

2.2 y, sentándose frontero el uno del otro, el que parecía de más edad dijo al más pequeño:
and sitting opposite each other, the one who seemed older said to the younger:

3.1 – ¿De qué tierra es vuesa merced, señor gentilhombre, y para adónde bueno camina?
– What land are you from, gentleman, and where are you going?

4.1 – Mi tierra, señor caballero - respondió el preguntado- , no la sé, ni para dónde camino, tampoco.
– My land, sir gentleman," answered the questioner, "I do not know it, nor where I am going, either.

– Pues en verdad - dijo el mayor - que no parece vuesa merced del cielo, y que éste no es lugar para hacer su asiento en él;

5.1

– The major said, "Well, in truth," said the major, "it does not seem that you are from heaven, and that this is not the place to make your seat in it;

que por fuerza se ha de pasar adelante.

5.2

that by force you must go forward.

– Así es - respondió el mediano-, pero yo he dicho verdad en lo que he dicho, porque mi tierra no es mía, pues no tengo en ella más de un padre que no me tiene por hijo y una madrastra que me trata como alnado;

6.1

– So it is," replied the middle man, "but I have spoken the truth in what I have said, for my land is not my own, for I have in it only a father who does not regard me as a son, and a stepmother who treats me as a servant;

el camino que llevo es a la ventura,

6.2

the road I am taking is by chance,

y allí le daría fin donde hallase quien me diese lo necesario para pasar esta miserable vida.

6.3

and there I would end it wherever I could find one who would give me what I needed to get through this miserable life.

– Y ¿sabe vuesa merced algún oficio? - preguntó el grande.

7.1

– And do you know any trade? - asked the great one.

Y el menor respondió:

8.1

And the youngest replied:

9.1 – No sé otro sino que corro como una liebre, y salto como un gamo y corto de tijera muy delicadamente.

– I know no other but that I run like a hare, and leap like a fallow deer, and cut with scissors very delicately.

10.1 – Todo eso es muy bueno, útil y provechoso - dijo el grande-, porque habrá sacristán que le dé a vuesa merced la ofrenda de Todos Santos, porque para el Jueves Santo le corte florones de papel para el monumento.

– All this is very good, useful and profitable," said the great one, "because there will be a sacristan who will give you the offering for All Saints' Day, because for Holy Thursday he will cut paper flowers for the monument.

11.1 – No es mi corte desa manera - respondió el menor-, sino que mi padre, por la misericordia del cielo, es sastre y calcetero, y me enseñó a cortar antiparas, que, como vuesa merced bien sabe, son medias calzas con avampiés, que por su propio nombre se suelen llamar polainas;

– It is not my cut in any way," replied the youngest, "but my father, by the mercy of heaven, is a tailor and hosier, and he taught me to cut antiparas, which, as you well know, are half-stockings with avampis, which by their very name are usually called gaiters;

11.2 y córtolas tan bien, que en verdad que me podría examinar de maestro, sino que la corta suerte me tiene arrinconado.

and cut them so well, that I could indeed be examined as a master, but that short luck has me in a corner.

– Todo eso y más acontece por los buenos - respondió el grande-, y siempre he oído decir que las buenas habilidades son las más perdidas, pero aún edad tiene vuesa merced para enmendar su ventura.

12.1

– All that and more happens to good men," replied the great one, "and I have always heard it said that good abilities are the most lost, but you still have an age to mend your fortunes.

Mas, si yo no me engaño y el ojo no me miente, otras gracias tiene vuesa merced secretas, y no las quiere manifestar.

12.2

But if I am not deceived, and my eye does not lie to me, your worship has other secret graces, and does not want to show them.

– Sí tengo - respondió el pequeño-, pero no son para en público, como vuesa merced ha muy bien apuntado.

13.1

– Yes, I have," replied the little boy, "but they are not for public use, as you have very well pointed out.

A lo cual replicó el grande:

14.1

To which the big one replied:

– Pues yo le sé decir que soy uno de los más secretos mozos que en gran parte se puedan hallar;

15.1

– For I can tell you that I am one of the most secret young men that can be found anywhere;

y, para obligar a vuesa merced que descubra su pecho y descanse conmigo, le quiero obligar con descubrirle el mío primero;

15.2

and to oblige you to uncover your breast and rest with me, I want to oblige you by uncovering mine first;

15.3 **porque imagino que no sin misterio nos ha juntado aquí la suerte, y pienso que habemos de ser, déste hasta el último día de nuestra vida, verdaderos amigos.**

for I imagine that it is not without mystery that luck has brought us together here, and I think we shall be true friends from now until the last day of our lives.

15.4 **«Yo, señor hidalgo, soy natural de la Fuenfrida, lugar conocido y famoso por los ilustres pasajeros que por él de contino pasan; mi nombre es Pedro del Rincón; mi padre es persona de calidad, porque es ministro de la Santa Cruzada:**

"My name is Pedro del Rincón; my father is a person of quality, because he is a minister of the Holy Crusade:

15.5 **quiero decir que es bulero, o buldero, como los llama el vulgo.**

I mean that he is a bulero, or buldero, as the vulgar call them.

15.6 **Algunos días le acompañé en el oficio, y le aprendí de manera, que no daría ventaja en echar las bulas al que más presumiese en ello.**

Some days I accompanied him in the office, and I learned him in such a way that I would not give the advantage in casting the bulls to the one who was most presumptuous in it.

Pero, habiéndome un día aficionado más al dinero 15.7
de las bulas que a las mismas bulas, me abracé con
un talego y di conmigo y con él en Madrid, donde con
las comodidades que allí de ordinario se ofrecen, en
pocos días saqué las entrañas al talego y le dejé con
más dobleces que pañizuelo de desposado.

But, having one day become more fond of the money of
the bulls than of the bulls themselves, I embraced a sack
and went with him and myself to Madrid, where with the
comforts that are usually offered there, in a few days I took
out the entrails of the sack and left him with more folds
than a betrothed man's handkerchief.

Vino el que tenía a cargo el dinero tras mí, 15.8
prendiéronme, tuve poco favor, aunque, viendo
aquellos señores mi poca edad, se contentaron con
que me arrimasen al aldabilla y me mosqueasen las
espaldas por un rato, y con que saliese desterrado por
cuatro años de la Corte.

The man in charge of the money came after me, they
arrested me, I had little favor, although, seeing my young
age, those gentlemen were content with me being held up
to the door knocker and my back for a while, and that I
should be banished from the Court for four years.

Tuve paciencia, encogí los hombros, sufrí la tanda 15.9
y mosqueo, y salí a cumplir mi destierro, con tanta
priesa, que no tuve lugar de buscar cabalgaduras.

I had patience, I shrugged my shoulders, I endured
the tanda and the annoyance, and I left to fulfill my
banishment, with such haste, that I did not have time to
look for horses.

15.10 Tomé de mis alhajas las que pude y las que me parecieron más necesarias, y entre ellas saqué estos naipes - y a este tiempo descubrió los que se han dicho, que en el cuello traía-, con los cuales he ganado mi vida por los mesones y ventas que hay desde Madrid aquí, jugando a la veintiuna;»

I took from my jewels what I could and what seemed to me most necessary, and among them I took out these cards - and at this time I discovered those that have been said, which I had around my neck - with which I have earned my living in the inns and inns that are from Madrid here, playing twenty- one;"

15.11 y, aunque vuesa merced los vee tan astrosos y maltratados, usan de una maravillosa virtud con quien los entiende, que no alzará que no quede un as debajo.

and, although you see them so shabby and battered, they have a wonderful virtue with those who understand them, who will not raise them unless there is an ace underneath them.

15.12 Y si vuesa merced es versado en este juego, verá cuánta ventaja lleva el que sabe que tiene cierto un as a la primera carta, que le puede servir de un punto y de once;

And if you are versed in this game, you will see how much advantage he has who knows that he has an ace at the first card, which can serve as a point and eleven;

15.13 que con esta ventaja, siendo la veintiuna envidada, el dinero se queda en casa.

that with this advantage, being the twenty-one sent, the money stays at home.

Fuera desto, aprendí de un cocinero de un cierto
embajador ciertas tretas de quínolas y del parar, a
quien también llaman el andaboba;

15.14

Apart from this, I learned from a cook of a certain
ambassador certain tricks of quinolas and parrying, who is
also called the andaboba;

que, así como vuesa merced se puede examinar en el
corte de sus antiparas, así puedo yo ser maestro en la
ciencia vilhanesca.

15.15

that, just as you can examine yourself in the cutting of
your antiparas, so can I be a master in the science of the
Vilhanesque.

Con esto voy seguro de no morir de hambre, porque,
aunque llegue a un cortijo, hay quien quiera pasar
tiempo jugando un rato.

15.16

With this I am sure that I will not die of hunger, because,
even if I get to a farmhouse, there are those who want to
spend time playing for a while.

Y desto hemos de hacer luego la experiencia los dos:

15.17

And of this we are going to make the experience
then, the two of us:

armemos la red,

15.18

let's set up the net,

y veamos si cae algún pájaro destos arrieros que aquí
hay;

15.19

and see if any of these muleteers that are here fall;

quiero decir que jugaremos los dos a la veintiuna,

15.20

I mean that we will both play twenty-one,

como si fuese de veras; que si alguno quisiere ser
tercero,

15.21

as if it were for real; and if anyone wants to be third,

15.22 él será el primero que deje la pecunia.

he will be the first to leave the pecunia.

16.1 – Sea en buen hora - dijo el otro-, y en merced muy grande tengo la que vuesa merced me ha hecho en darme cuenta de su vida, con que me ha obligado a que yo no le encubra la mía, que, diciéndola más breve, es ésta:

– I have a very great mercy that you have done me in giving me an account of your life, with which you have obliged me not to conceal my own, which, to put it more briefly, is this:

16.2 «yo nací en el piadoso lugar puesto entre Salamanca y Medina del Campo;

"I was born in the pious place between Salamanca and Medina del Campo;

16.3 mi padre es sastre, enseñóme su oficio, y de corte de tisera, con mi buen ingenio, salté a cortar bolsas.

my father is a tailor, he taught me his trade, and from cutting the tisera, with my good wit, I jumped to cutting bags.

16.4 Enfadóme la vida estrecha del aldea y el desamorado trato de mi madrastra.

The narrow life of the village and the unloving treatment of my stepmother made me angry.

16.5 Dejé mi pueblo, vine a Toledo a ejercitar mi oficio, y en él he hecho maravillas; porque no pende relicario de toca ni hay faldriquera tan escondida que mis dedos no visiten ni mis tiseras no corten, aunque le estén guardando con ojos de Argos.

I left my village and came to Toledo to practice my trade, and in it I have done wonders, because no locket hangs from my headdress, nor is there a treasure chest so hidden that my fingers do not visit or my tiseras do not cut, even if they are guarding it with the eyes of Argos.

Y, en cuatro meses que estuve en aquella ciudad, 16.6
nunca fui cogido entre puertas, ni sobresaltado ni
corrido de corchetes, ni soplado de ningún cañuto.

And, in the four months that I was in that city, I was never
caught between doors, nor startled, nor run from cork, nor
blown from any pipe.

Bien es verdad que habrá ocho días que una espía 16.7
doble dio noticia de mi habilidad al Corregidor, el
cual, aficionado a mis buenas partes, quisiera verme;

It is well it is true that there will be eight days that a double
spy gave news of my ability to the Corregidor, who, fond of
my good parts, would like to see me;

mas yo, que, por ser humilde, no quiero tratar con 16.8
personas tan graves, procuré de no verme con él, y
así, salí de la ciudad con tanta priesa, que no tuve
lugar de acomodarme de cabalgaduras ni blancas,
ni de algún coche de retorno, o por lo menos de un
carro.»

but I, who, being humble, do not want to deal with
such serious people, tried not to see me with him, and
so, I left the city with such haste, that I had no place to
accommodate myself of horses or white, nor of any carriage
of return, or at least of a carriage."

– Eso se borre - dijo Rincón-; 17.1

– That is erased," said Rincon;

y, pues ya nos conocemos, no hay para qué aquesas 17.2
grandezas ni altiveces:

"and, since we already know each other, there is no need
for such grandeur and haughtiness:

confesemos llanamente que no teníamos blanca, ni 17.3
aun zapatos.

let us confess plainly that we had no whites, not even shoes.

18.1 – Sea así - respondió Diego Cortado, que así dijo el
menor que se llamaba-;

– Let it be so," replied Diego Cortado, who said that was the
name of the youngest;

18.2 y, pues nuestra amistad, como vuesa merced, señor
Rincón, ha dicho, ha de ser perpetua, comencémosla
con santas y loables ceremonias.

"and since our friendship, as your worship, Senor Rincon,
has said, is to be perpetual, let us begin it with holy and
praiseworthy ceremonies.

19.1 Y, levantándose, Diego Cortado abrazó a Rincón
y Rincón a él tierna y estrechamente, y luego se
pusieron los dos a jugar a la veintiuna con los ya
referidos naipes, limpios de polvo y de paja, mas no
de grasa y malicia;

And, getting up, Diego Cortado embraced Rincón and
Rincón embraced him tenderly and closely, and then they
both began to play blackjack with the aforementioned
cards, clean of dust and straw, but not of grease and malice;

19.2 y, a pocas manos, alzaba tan bien por el as Cortado
como Rincón, su maestro.

and, with few hands, he held up as well for the ace Cortado
as Rincón, his master.

20.1 Salió en esto un arriero a refrescarse al portal,

At this point a muleteer came out to refresh himself at the
portal,

20.2 y pidió que quería hacer tercio.

and asked if he wanted to make tercio.

Acogiéronle de buena gana, y en menos de media hora le ganaron doce reales y veinte y dos maravedís, que fue darle doce lanzadas y veinte y dos mil pesadumbres.

20.3

They accepted him willingly, and in less than half an hour they earned him twelve reales and twenty-two maravedis, which was to give him twelve lanzadas and twenty-two thousand pesadumbres.

Y, creyendo el arriero que por ser muchachos no se lo defenderían, quiso quitalles el dinero;

20.4

And the muleteer, believing that because they were boys they would not defend him, wanted to take the money from them;

mas ellos, poniendo el uno mano a su media espada y el otro al de las cachas amarillas, le dieron tanto que hacer, que, a no salir sus compañeros, sin duda lo pasara mal.

20.5

but they, putting one hand on his half sword and the other on the one with the yellow hilt, gave him so much to do, that if his companions did not leave, he would undoubtedly have a hard time.

A esta sazón, pasaron acaso por el camino una tropa de caminantes a caballo, que iban a sestear a la venta del Alcalde, que está media legua más adelante, los cuales, viendo la pendencia del arriero con los dos muchachos, los apaciguaron y les dijeron que si acaso iban a Sevilla, que se viniesen con ellos.

21.1

At this time, a troop of horsemen on horseback, who were going to rest at the inn of the Alcalde, which is half a league ahead, passed by on the road, who, seeing the quarrel of the muleteer with the two boys, pacified them and told them that if they were going to Seville, they should come with them.

22.1 – Allá vamos - dijo Rincón-, y serviremos a vuesas mercedes en todo cuanto nos mandaren.

– There we go," said Rincón, "and we will serve you in everything you command us.

23.1 Y, sin más detenerse, saltaron delante de las mulas y se fueron con ellos, dejando al arriero agraviado y enojado, y a la ventera admirada de la buena crianza de los pícaros, que les había estado oyendo su plática sin que ellos advirtiesen en ello.

And, without stopping, they jumped in front of the mules and went with them, leaving the muleteer aggrieved and angry, and the saleswoman admiring the good breeding of the rogues, who had been listening to their talk without them noticing it.

23.2 Y, cuando dijo al arriero que les había oído decir que los naipes que traían eran falsos, se pelaba las barbas, y quisiera ir a la venta tras ellos a cobrar su hacienda, porque decía que era grandísima afrenta, y caso de menos valer, que dos muchachos hubiesen engañado a un hombrazo tan grande como él.

And when he told the muleteer that he had heard them say that the cards they had brought were false, he peeled his beard, and wanted to go to the sale after them to collect his money, because he said it was a great affront, and a case of less value, that two boys had deceived such a great man as he was.

23.3 Sus compañeros le detuvieron y aconsejaron que no fuese,

His companions stopped him and advised him not to go,

23.4 siquiera por no publicar su inhabilidad y simpleza.

even for the sake of not publishing his inability and simplicity.

En fin, tales razones le dijeron, que, aunque no le   23.5
consolaron, le obligaron a quedarse.

In the end, they told him such reasons that, although they
did not console him, they forced him to stay.

En esto, Cortado y Rincón se dieron tan buena maña   24.1
en servir a los caminantes, que lo más del camino los
llevaban a las ancas;

In this, Cortado and Rincon were so good at serving the
travelers, that most of the way they carried them on their
haunches;

y, aunque se les ofrecían algunas ocasiones de tentar   24.2
las valijas de sus medios amos, no las admitieron, por
no perder la ocasión tan buena del viaje de Sevilla,
donde ellos tenían grande deseo de verse.

and, although they were offered some occasions to tempt
the valises of their half-masters, they did not admit them,
so as not to lose the good occasion of the trip to Seville,
where they had a great desire to meet.

Con todo esto, a la entrada de la ciudad, que fue a   25.1
la oración y por la puerta de la Aduana, a causa del
registro y almojarifazgo que se paga, no se pudo
contener Cortado de no cortar la valija o maleta que a
las ancas traía un francés de la camarada;

With all this, at the entrance to the city, which was at
prayer and through the door of the Customs, because of the
search and almojarifazgo that is paid, Cortado could not
restrain himself from cutting the suitcase or suitcase that a
Frenchman of the comrade was carrying on his haunches;

25.2 y así, con el de sus cachas le dio tan larga y profunda herida, que se parecían patentemente las entrañas, y sutilmente le sacó dos camisas buenas, un reloj de sol y un librillo de memoria, cosas que cuando las vieron no les dieron mucho gusto;

and so, with his hilt he gave him such a long and deep wound, that the entrails were patently similar, and subtly took from him two good shirts, a sundial and a booklet of memory, things that when they saw them did not give them much pleasure;

25.3 y pensaron que, pues el francés llevaba a las ancas aquella maleta, no la había de haber ocupado con tan poco peso como era el que tenían aquellas preseas, y quisieran volver a darle otro tiento;

And they thought that, since the Frenchman was carrying that suitcase on his back, he must not have occupied it with so little weight as those treasures had, and they wanted to give it another try;

25.4 pero no lo hicieron,

but they did not do so,

25.5 imaginando que ya lo habrían echado menos y puesto en recaudo lo que quedaba.

imagining that they would have already thrown it away and put what was left in safekeeping.

26.1 Habíanse despedido antes que el salto hiciesen de los que hasta allí los habían sustentado, y otro día vendieron las camisas en el malbaratillo que se hace fuera de la puerta del Arenal, y dellas hicieron veinte reales.

They had taken leave of those who had supported them up to that point before the jump, and the next day they sold their shirts in the small shop outside the Arenal gate, and made twenty reales for them.

Hecho esto, se fueron a ver la ciudad, y admiróles la   26.2
grandeza y sumptuosidad de su mayor iglesia, el gran
concurso de gente del río, porque era en tiempo de
cargazón de flota y había en él seis galeras, cuya vista
les hizo suspirar, y aun temer el día que sus culpas les
habían de traer a morar en ellas de por vida.

This done, they went to see the city, and admired the
grandeur and magnificence of its great church, the great
concourse of people on the river, because it was in time
of fleet loading and there were six galleys in it, the sight
of which made them sigh, and even fear the day that their
faults would bring them to dwell in them for life.

Echaron de ver los muchos muchachos de la   26.3
esportilla que por allí andaban;

They saw many of the boys of the sportilla who were there;

informáronse de uno dellos qué oficio era aquél, y si   26.4
era de mucho trabajo, y de qué ganancia.

they inquired of one of them what trade it was, and if it was
of much work, and of what profit.

Un muchacho asturiano, que fue a quien le hicieron   27.1
la pregunta, respondió que el oficio era descansado
y de que no se pagaba alcabala, y que algunos días
salía con cinco y con seis reales de ganancia, con que
comía y bebía y triunfaba como cuerpo de rey, libre
de buscar amo a quien dar fianzas y seguro de comer a
la hora que quisiese, pues a todas lo hallaba en el más
mínimo bodegón de toda la ciudad.

A boy from Asturias, who was asked the question,
answered that the job was a restful one and that no taxes
were paid, and that some days he left with five or six reales
in profit, with which he ate and drank and triumphed like
a king, free to seek a master to whom he could give bonds
and sure to eat at any time he wanted, since he could find it
in the smallest bodegón in the whole city.

28.1 No les pareció mal a los dos amigos la relación del asturianillo, ni les descontentó el oficio, por parecerles que venía como de molde para poder usar el suyo con cubierta y seguridad, por la comodidad que ofrecía de entrar en todas las casas;

The two friends were not dissatisfied with the report from the Asturian, nor were they dissatisfied with the trade, as it seemed to them that it came as if it were a mold to be able to use theirs with cover and security, for the convenience it offered to enter all the houses;

28.2 y luego determinaron de comprar los instrumentos necesarios para usalle,

and then they determined to buy the necessary instruments to use it,

28.3 pues lo podían usar sin examen.

since they could use it without examination.

28.4 Y, preguntándole al asturiano qué habían de comprar, les respondió que sendos costales pequeños, limpios o nuevos, y cada uno tres espuertas de palma, dos grandes y una pequeña, en las cuales se repartía la carne, pescado y fruta, y en el costal, el pan;

And, asking the Asturian what they had to buy, he answered them that they should buy two small sacks, clean or new, and each one three palm sacks, two large and one small, in which the meat, fish and fruit were distributed, and in the sack, the bread;

y él les guió donde lo vendían, y ellos, del dinero de
la galima del francés, lo compraron todo, y dentro
de dos horas pudieran estar graduados en el nuevo
oficio, según les ensayaban las esportillas y asentaban
los costales.

28.5

and he guided them where they sold it, and they, with the
money from the Frenchman's galima, bought it all, and
within two hours they could be graduated in the new trade,
as they tested them the sportillas and settled the sacks.

Avisóles su adalid de los puestos donde habían de
acudir:

28.6

Their leader informed them of the places where
they had to go:

por las mañanas,

28.7

in the mornings,

a la Carnicería y a la plaza de San Salvador;

28.8

to the butcher's shop and the Plaza de San Salvador;

los días de pescado, a la Pescadería y a la Costanilla;

28.9

on fish days, to the fish market and the Costanilla;

todas las tardes, al río; los jueves, a la Feria.

28.10

every afternoon, to the river; on Thursdays, to the Fair.

29.1 Toda esta lición tomaron bien de memoria, y otro día bien de mañana se plantaron en la plaza de San Salvador; y, apenas hubieron llegado, cuando los rodearon otros mozos del oficio, que, por lo flamante de los costales y espuertas, vieron ser nuevos en la plaza; hiciéronles mil preguntas, y a todas respondían con discreción y mesura.

They had no sooner had they arrived when they were surrounded by other young men of the trade, who, by the brightness of their sacks and spuertas, were seen to be new to the plaza; they asked them a thousand questions, and they answered them all with discretion and moderation.

29.2 En esto, llegaron un medio estudiante y un soldado, y, convidados de la limpieza de las espuertas de los dos novatos, el que parecía estudiante llamó a Cortado, y el soldado a Rincón.

At this point, a half-student and a soldier arrived, and, having been asked to clean the spurs of the two novices, the one who looked like a student called Cortado, and the soldier called Rincón.

30.1 – En nombre sea de Dios - dijeron ambos.

– In the name of God, " they both said.

31.1 – Para bien se comience el oficio - dijo Rincón-, que vuesa merced me estrena, señor mío.

– The office is well begun, " said Rincón, "for your honor, my lord, you are making my debut.

32.1 A lo cual respondió el soldado:

To which the soldier replied:

– La estrena no será mala, porque estoy de ganancia y 33.1
soy enamorado, y tengo de hacer hoy banquete a unas
amigas de mi señora.

– The premiere won't be bad, because I'm in love, and I have
to give a banquet today to some friends of my wife.

– Pues cargue vuesa merced a su gusto, que ánimo 34.1
tengo y fuerzas para llevarme toda esta plaza, y aun si
fuere menester que ayude a guisarlo, lo haré de muy
buena voluntad.

– Well, you load it as you please, for I have the courage
and strength to carry this whole square, and even if it is
necessary for me to help cook it, I will do it willingly.

Contentóse el soldado de la buena gracia del mozo, y 35.1
díjole que si quería servir, que él le sacaría de aquel
abatido oficio.

The soldier was satisfied with the good grace of the young
man, and told him that if he wanted to serve, he would get
him out of that dejected office.

A lo cual respondió Rincón que, por ser aquel día el 35.2
primero que le usaba, no le quería dejar tan presto,
hasta ver, a lo menos, lo que tenía de malo y bueno;

To which Rincón replied that, as it was the first day he had
used him, he did not want to leave him so soon until he had
at least seen what was good and bad about him;

y, cuando no le contentase, él daba su palabra de 35.3
servirle a él antes que a un canónigo.

and if he was not satisfied, he would give his word to serve
him rather than a canon.

36.1 Rióse el soldado, cargóle muy bien, mostróle la casa de su dama, para que la supiese de allí adelante y él no tuviese necesidad, cuando otra vez le enviase, de acompañarle.

The soldier laughed, carried him well, showed him his lady's house, so that he would know her from then on and he would not need to accompany her when she sent him again.

36.2 Rincón prometió fidelidad y buen trato.

Rincón promised fidelity and good treatment.

36.3 Diole el soldado tres cuartos, y en un vuelo volvió a la plaza, por no perder coyuntura;

The soldier gave him three quarters, and in one flight returned to the plaza, so as not to lose the opportunity;

36.4 porque también desta diligencia les advirtió el asturiano, y de que cuando llevasen pescado menudo (conviene a saber: albures, o sardinas o acedías), bien podían tomar algunas y hacerles la salva, siquiera para el gasto de aquel día;

because the Asturian also warned them of this diligence, and that when they brought small fish (namely, albures, or sardines or sorrels), they could take some and save them, even for the expense of that day;

36.5 pero que esto había de ser con toda sagacidad y advertimiento, porque no se perdiese el crédito, que era lo que más importaba en aquel ejercicio.

but that this had to be with all sagacity and warning, so as not to lose credit, which was what mattered most in that exercise.

37.1 Por presto que volvió Rincón,

As soon as Rincón returned,

ya halló en el mismo puesto a Cortado.

37.2

he found Cortado at the same post.

Llegóse Cortado a Rincón, y preguntóle que cómo le había ido.

37.3

Cortado came up to Rincón and asked him how he had been doing.

Rincón abrió la mano y mostróle los tres cuartos.

37.4

Rincón opened his hand and showed him the three quarters.

Cortado entró la suya en el seno y sacó una bolsilla,

37.5

Cortado put his hand in his breast and took out a pouch,

que mostraba haber sido de ámbar en los pasados tiempos;

37.6

which showed that it had been made of amber in the past;

venía algo hinchada, y dijo:

37.7

it was somewhat swollen, and he said:

– Con ésta me pagó su reverencia del estudiante,

38.1

– With this one he paid me his student's bow,

y con dos cuartos;

38.2

and with two quarters;

mas tomadla vos, Rincón, por lo que puede suceder.

38.3

but take it yourself, Rincón, for what may happen.

Y, habiéndosela ya dado secretamente, veis aquí do vuelve el estudiante trasudando y turbado de muerte;

39.1

And, having already given it to him secretly, you see here where the student returns, shaken and troubled to death;

39.2 y, viendo a Cortado, le dijo si acaso había visto una
bolsa de tales y tales señas, que, con quince escudos
de oro en oro y con tres reales de a dos y tantos
maravedís en cuartos y en ochavos, le faltaba, y que
le dijese si la había tomado en el entretanto que con él
había andado comprando.

and, seeing Cortado, he asked him if he had seen a bag of
such and such signs, which, with fifteen escudos of gold
in gold and three reales of two and so many maravedis in
quarters and eighths, was missing, and to tell him if he had
taken it in the meantime that he had gone about buying it
with him.

39.3 A lo cual, con estraño disimulo, sin alterarse ni
mudarse en nada, respondió Cortado:

To which, with strange dissimulation, without altering or
moving in anything, Cortado replied:

40.1 – Lo que yo sabré decir desa bolsa es que no debe de
estar perdida,

– What I can say about the bag is that it must not be lost,

40.2 si ya no es que vuesa merced la puso a mal recaudo.

if you have not already put it in a bad place.

41.1 – ¡Eso es ello, pecador de mí - respondió el estudiante-
: que la debí de poner a mal recaudo, pues me la
hurtaron!

– That's it, sinner of me," replied the student, "I must have
put it in a bad place, for it was stolen from me!

42.1 – Lo mismo digo yo - dijo Cortado-;

– I say the same," said Cortado;

pero para todo hay remedio, si no es para la muerte, 42.2
y el que vuesa merced podrá tomar es, lo primero y
principal, tener paciencia;

"but there is a remedy for everything, unless it be death,
and the one that you may take is, first and foremost, to have
patience;

que de menos nos hizo Dios y un día viene tras otro 42.3
día, y donde las dan las toman;

for God has made us less, and one day comes after another
day, and where they give, they take;

y podría ser que, con el tiempo, el que llevó la bolsa 42.4
se viniese a arrepentir y se la volviese a vuesa merced
sahumada.

and it may be that, in time, he who carried the bag will
repent and give it back to you in smoke.

– El sahumerio le perdonaríamos - respondió el 43.1
estudiante.

– We would forgive him the incense," replied the student.

Y Cortado prosiguió diciendo: 44.1

And Cortado went on to say:

– Cuanto más, que cartas de descomunión hay, 45.1
paulinas, y buena diligencia, que es madre de la
buena ventura;

– The more so, since there are letters of decommunion,
Pauline, and good diligence, which is the mother of good
fortune;

aunque, a la verdad, no quisiera yo ser el llevador de 45.2
tal bolsa;

although, to tell the truth, I would not want to be the
bearer of such a bag;

45.3 porque, si es que vuesa merced tiene alguna orden sacra, parecerme hía a mí que había cometido algún grande incesto, o sacrilegio.

because, if you have any sacred order, it would seem to me that I had committed some great incest or sacrilege.

46.1 – Y ¡cómo que ha cometido sacrilegio!

– And how he has committed sacrilege!

46.2 – dijo a esto el adolorido estudiante-; que, puesto que yo no soy sacerdote, sino sacristán de unas monjas, el dinero de la bolsa era del tercio de una capellanía, que me dio a cobrar un sacerdote amigo mío, y es dinero sagrado y bendito.

– The money in the bag was from the third of a chaplaincy, which a priest friend of mine gave me to collect, and it is sacred and blessed money.

47.1 – Con su pan se lo coma - dijo Rincón a este punto-;

– With his bread he eats it, " said Rincón at this point;

47.2 no le arriendo la ganancia;

"I do not lease him the profit;

47.3 día de juicio hay, donde todo saldrá en la colada, y entonces se verá quién fue Callejas y el atrevido que se atrevió a tomar, hurtar y menoscabar el tercio de la capellanía.

there is a day of judgment, when everything will come out in the wash, and then it will be seen who was Callejas and the daring one who dared to take, steal and undermine the third of the chaplaincy.

47.4 Y ¿cuánto renta cada año?

And how much income each year?

Dígame, señor sacristán, por su vida.   47.5

Tell me, Mr. sacristan, for your life.

– ¡Renta la puta que me parió! ¡Y estoy yo agora para   48.1
decir lo que renta! -

– And now I am here to tell you what the rent is! -

respondió el sacristán con algún tanto de demasiada   48.2
cólera-.

replied the sacristan with a little too much anger.

Decidme, hermanos, si sabéis algo;   48.3

Tell me, brothers, if you know anything;

si no, quedad con Dios, que yo la quiero hacer   48.4
pregonar.

if not, stay with God, for I want to proclaim it.

– No me parece mal remedio ese - dijo Cortado-, pero   49.1
advierta vuesa merced no se le olviden las señas de la
bolsa, ni la cantidad puntualmente del dinero que va
en ella; que si yerra en un ardite, no parecerá en días
del mundo, y esto le doy por hado.

– That does not seem to me to be a bad remedy," said
Cortado; "but you must take care that you do not forget
the details of the bag, nor the amount of money that goes in
it; for if you make a mistake, it will not seem so in the days
of the world, and this I take for a fact.

– No hay que temer deso - respondió el sacristán-,   50.1
que lo tengo más en la memoria que el tocar de las
campanas: no me erraré en un átomo.

– There is no need to be afraid of that," replied the sacristan,
"for I have it more in my memory than the ringing of the
bells; I shall not miss it by an atom.

51.1 Sacó, en esto, de la faldriquera un pañuelo randado para limpiarse el sudor, que llovía de su rostro como de alquitara;

At this, he took out of his skirt-box a randy handkerchief to wipe off the sweat that was pouring from his face as from tar;

51.2 y, apenas le hubo visto Cortado, cuando le marcó por suyo.

and no sooner had Cortado seen him than he marked him for his own.

51.3 Y, habiéndose ido el sacristán, Cortado le siguió y le alcanzó en las Gradas, donde le llamó y le retiró a una parte;

And when the sacristan had gone, Cortado followed him and caught up with him at the Gradas, where he called him and took him aside;

51.4 y allí le comenzó a decir tantos disparates, al modo de lo que llaman bernardinas, cerca del hurto y hallazgo de su bolsa, dándole buenas esperanzas, sin concluir jamás razón que comenzase, que el pobre sacristán estaba embelesado escuchándole.

and there he began to tell him so much nonsense, in the manner of what they call bernardinas, about the theft and the finding of his purse, giving him good hopes, without ever concluding what he had begun with, that the poor sacristan was enraptured listening to him.

51.5 Y, como no acababa de entender lo que le decía, hacía que le replicase la razón dos y tres veces.

And, as he did not quite understand what he was saying, he made him reply to him twice and three times.

Estábale mirando Cortado a la cara atentamente y no
quitaba los ojos de sus ojos.

52.1

Cortado was looking at his face attentively and did not take
his eyes off him.

El sacristán le miraba de la misma manera,

52.2

The sacristan was looking at him in the same way,

estando colgado de sus palabras.

52.3

hanging on his words.

Este tan grande embelesamiento dio lugar a Cortado
que concluyese su obra,

52.4

This great rapture gave Cortado time to finish his work,

y sutilmente le sacó el pañuelo de la faldriquera;

52.5

and he subtly took his handkerchief out of his pocket;

y, despidiéndose dél, le dijo que a la tarde procurase
de verle en aquel mismo lugar, porque él traía entre
ojos que un muchacho de su mismo oficio y de su
mismo tamaño, que era algo ladroncillo, le había
tomado la bolsa, y que él se obligaba a saberlo, dentro
de pocos o de muchos días.

52.6

and, taking leave of him, he told him that in the afternoon
he should try to see him in the same place, because he had
it in his mind that a boy of the same trade and of the same
size, who was a bit of a thief, had taken his purse, and that
he was obliged to find out in a few or many days.

Con esto se consoló algo el sacristán, y se despidió
de Cortado, el cual se vino donde estaba Rincón, que
todo lo había visto un poco apartado dél;

53.1

With this the sacristan consoled himself somewhat, and
took leave of Cortado, who came to where Rincón was, who
had seen everything a little apart from him;

53.2 y más abajo estaba otro mozo de la esportilla,

and further down was another boy from the esportilla,

53.3 que vio todo lo que había pasado y cómo Cortado daba el pañuelo a Rincón;

who saw everything that had happened and how Cortado gave the handkerchief to Rincón;

53.4 y, llegándose a ellos, les dijo:

and, coming to them, he said to them:

54.1 – Díganme, señores galanes:

– Tell me, gentlemen gallants:

54.2 ¿voacedes son de mala entrada, o no?

are these voacedes of bad entrance, or not?

55.1 – No entendemos esa razón, señor galán - respondió Rincón.

– We don't understand that reason, señor gallant," answered Rincón.

56.1 – ¿Qué no entrevan, señores murcios?

– What don't you gentlemen of the murcians come in?

56.2 – respondió el otro.

– answered the other.

57.1 – Ni somos de Teba ni de Murcia - dijo Cortado-.

– We are neither from Teba nor from Murcia," said Cortado.

57.2 Si otra cosa quiere, dígala; si no, váyase con Dios.

If you want something else, say so; if not, go with God.

– ¿No lo entienden? - dijo el mozo-.   58.1
– Don't you understand? - said the waiter.

Pues yo se lo daré a entender, y a beber, con una   58.2
cuchara de plata;
Well, I'll give you to understand, and to drink, with a silver
spoon;

quiero decir, señores, si son vuesas mercedes   58.3
ladrones.
I mean, gentlemen, if you are thieves.

Mas no sé para qué les pregunto esto,   58.4
But I don't know why I ask you this,

pues sé ya que lo son;   58.5
since I already know that you are;

mas díganme: ¿cómo no han ido a la aduana del señor   58.6
Monipodio?
but tell me, how come you haven't gone to the customs
house of Senor Monipodio?

– ¿Págase en esta tierra almojarifazgo de ladrones,   59.1
– Is there any thieves in this land,

señor galán? - dijo Rincón.   59.2
señor gallant? - said Rincón.

– Si no se paga - respondió el mozo-, a lo menos   60.1
regístranse ante el señor Monipodio, que es su padre,
su maestro y su amparo;
– If it is not paid," replied the waiter, "at least register
yourselves before Senor Monipodio, who is your father,
your master, and your protector;

60.2 y así, les aconsejo que vengan conmigo a darle la
obediencia, o si no, no se atrevan a hurtar sin su señal,
que les costará caro.

and so I advise you to come with me to obey him, or else do
not dare to steal without his sign, for it will cost you dearly.

61.1 – Yo pensé - dijo Cortado - que el hurtar era oficio
libre, horro de pecho y alcabala; y que si se paga, es
por junto, dando por fiadores a la garganta y a las
espaldas.

– I thought," said Cortado, "that stealing was a free trade,
and that if it is paid for, it is paid by the throat and the back.

61.2 Pero, pues así es, y en cada tierra hay su uso,
guardemos nosotros el désta, que, por ser la más
principal del mundo, será el más acertado de todo él.

But, since it is so, and in every land there is its use, let us
keep this one, which, being the most important in the
world, will be the most correct in all of it.

61.3 Y así, puede vuesa merced guiarnos donde está ese
caballero que dice, que ya yo tengo barruntos, según
lo que he oído decir, que es muy calificado y generoso,
y además hábil en el oficio.

And so, may you guide us to the gentleman you say is there,
whom I already have a hunch, according to what I have
heard, that he is very qualified and generous, and moreover
skilled in the trade.

62.1 – ¡Y cómo que es calificado, hábil y suficiente!

– And how is he qualified, skilled and sufficient!

62.2 – respondió el mozo-.

– answered the young man.

Eslo tanto, que en cuatro años que ha que tiene el
cargo de ser nuestro mayor y padre no han padecido
sino cuatro en el finibusterrae, y obra de treinta
envesados y de sesenta y dos en gurapas.

62.3

So much so, that in the four years that he has been in
charge of being our eldest and father, he has only suffered
four times in the finibusterrae, and he has worked thirty
times and sixty-two times in gurapas.

– En verdad, señor - dijo Rincón-, que así entendemos
esos nombres como volar.

63.1

– Truly, sir," said Rincón, "we understand these names as
flying.

– Comencemos a andar, que yo los iré declarando por
el camino - respondió el mozo-, con otros algunos,
que así les conviene saberlos como el pan de la boca.

64.1

– Let us set out on our journey, and I will tell them as we
go," replied the young man, "with a few others, for it is as
good for them to know them as the bread in their mouths.

Y así, les fue diciendo y declarando otros nombres, de
los que ellos llaman germanescos o de la germanía, en
el discurso de su plática, que no fue corta, porque el
camino era largo;

65.1

And so, he went on telling them and declaring other names,
of those they call germanescos or of the germania, in the
discourse of his talk, which was not short, because the road
was long;

en el cual dijo Rincón a su guía:

65.2

in which Rincón said to his guide:

– ¿Es vuesa merced, por ventura, ladrón?

66.1

– Are you, by any chance, a thief?

34

67.1 – Sí - respondió él-, para servir a Dios y a las buenas gentes, aunque no de los muy cursados;

– Yes," he answered, "to serve God and the good people, although not of the highly educated;

67.2 que todavía estoy en el año del noviciado.

I am still in my novitiate year.

68.1 A lo cual respondió Cortado:

To which Cortado replied:

69.1 – Cosa nueva es para mí que haya ladrones en el mundo para servir a Dios y a la buena gente.

– It is a new thing to me that there are thieves in the world to serve God and good people.

70.1 A lo cual respondió el mozo:

To which the waiter replied:

71.1 – Señor, yo no me meto en tologías;

– Sir, I do not get involved in theology;

71.2 lo que sé es que cada uno en su oficio puede alabar a Dios,

what I know is that each one in his office can praise God,

71.3 y más con la orden que tiene dada Monipodio a todos sus ahijados.

and even more so with the order that Monipodio has given to all his godchildren.

– Sin duda - dijo Rincón-, debe de ser buena y santa, pues hace que los ladrones sirvan a Dios.

73.1

– Undoubtedly," said Rincon, "it must be good and holy, for it makes thieves serve God.

– Es tan santa y buena - replicó el mozo-, que no sé yo si se podrá mejorar en nuestro arte.

73.1

– It is so holy and good," replied the boy, "that I don't know if it can be improved in our art.

Él tiene ordenado que de lo que hurtáremos demos alguna cosa o limosna para el aceite de la lámpara de una imagen muy devota que está en esta ciudad,

73.2

He has ordered that from what we steal we give something or alms for the oil for the lamp of a very devout image that is in this city,

y en verdad que hemos visto grandes cosas por esta buena obra;

73.3

and we have seen great things for this good deed;

porque los días pasados dieron tres ansias a un cuatrero que había murciado dos roznos, y con estar flaco y cuartanario, así las sufrió sin cantar como si fueran nada.

73.4

because the last few days they gave three cravings to a rustler who had killed two pieces, and being skinny and quartan, he suffered them without singing as if they were nothing.

Y esto atribuimos los del arte a su buena devoción,

73.5

And we of the art attribute this to his good devotion,

porque sus fuerzas no eran bastantes para sufrir el primer desconcierto del verdugo.

73.6

because his strength was not enough to suffer the first embarrassment of the executioner.

73.7 Y, porque sé que me han de preguntar algunos vocablos de los que he dicho, quiero curarme en salud y decírselo antes que me lo pregunten.

And, because I know that I will be asked about some of the words I have said, I want to cure myself and tell you before you ask me.

73.8 Sepan voacedes que cuatrero es ladrón de bestias;

You should know that "cuatrero" is the thief of beasts;

73.9 ansia es el tormento;

"ansia" is torment;

73.10 rosnos, los asnos, hablando con perdón;

"rosnos" is the asses, speaking with pardon;

73.11 primer desconcierto es las primeras vueltas de cordel que da el verdugo.

"primer desconcerto" is the first turns of the rope that the executioner gives.

73.12 Tenemos más:

We have more:

73.13 que rezamos nuestro rosario, repartido en toda la semana, y muchos de nosotros no hurtamos el día del viernes, ni tenemos conversación con mujer que se llame María el día del sábado.

that we pray our rosary, distributed throughout the week, and many of us do not steal on Friday, nor have conversation with a woman named Mary on Saturday.

74.1 – De perlas me parece todo eso - dijo Cortado-;

– I think that's all very nice," said Cortado;

pero dígame vuesa merced: ¿hácese otra restitución o otra penitencia más de la dicha?

74.2

"but tell me, will you make another restitution or another penance for the aforementioned?

– En eso de restituir no hay que hablar - respondió el mozo-, porque es cosa imposible, por las muchas partes en que se divide lo hurtado, llevando cada uno de los ministros y contrayentes la suya;

75.1

– There's no need to talk about making restitution," replied the waiter, "because it's impossible, given the many parts into which the stolen goods are divided, with each of the ministers and contracting parties bringing his own;

y así, el primer hurtador no puede restituir nada;

75.2

and so the first thief can't make restitution;

cuanto más, que no hay quien nos mande hacer esta diligencia, a causa que nunca nos confesamos;

75.3

And what's more, there is no one to order us to do this, because we never go to confession;

y si sacan cartas de excomunión, jamás llegan a nuestra noticia, porque jamás vamos a la iglesia al tiempo que se leen, si no es los días de jubileo, por la ganancia que nos ofrece el concurso de la mucha gente.

75.4

and if they take letters of excommunication, they never reach us, because we never go to church at the time they are read, except on jubilee days, for the profit we get from the large crowd.

– Y ¿con sólo eso que hacen, dicen esos señores - dijo Cortadillo - que su vida es santa y buena?

76.1

– And with only that," said Cortadillo, "do these gentlemen say that their life is holy and good?

77.1 – Pues ¿qué tiene de malo? - replicó el mozo-.

– Well, what's wrong with that? - replied the young man-.

77.2 ¿No es peor ser hereje o renegado, o matar a su padre y madre, o ser solomico?

Isn't it worse to be a heretic or a renegade, or to kill your father and mother, or to be a solomico?

78.1 – Sodomita querrá decir vuesa merced - respondió Rincón.

– Sodomita," said Rincón, "you mean Sodomita.

79.1 – Eso digo - dijo el mozo.

– That's what I say," said the waiter.

80.1 – Todo es malo - replicó Cortado-.

– Everything is bad," replied Cortado.

80.2 Pero, pues nuestra suerte ha querido que entremos en esta cofradía, vuesa merced alargue el paso, que muero por verme con el señor Monipodio, de quien tantas virtudes se cuentan.

But, since our luck has willed that we should enter this confraternity, you may lengthen the step, for I am dying to see me with Senor Monipodio, of whom so many virtues are told.

81.1 – Presto se les cumplirá su deseo - dijo el mozo-, que ya desde aquí se descubre su casa.

– Your wish will soon be granted," said the porter, "for his house can be seen from here.

Vuesas mercedes se queden a la puerta, que yo entraré   81.2
a ver si está desocupado, porque éstas son las horas
cuando él suele dar audiencia.

Your worships stay at the door, and I will go in and see if
he is unoccupied, for these are the hours when he usually
gives an audience.

– En buena sea - dijo Rincón.   82.1
– In good health," said Rincón.

Y, adelantándose un poco el mozo, entró en una casa   83.1
no muy buena, sino de muy mala apariencia, y los dos
se quedaron esperando a la puerta.

And the young man went a little ahead and entered a house
that was not very good, but of very bad appearance, and the
two of them stood waiting at the door.

Él salió luego y los llamó, y ellos entraron, y su guía   83.2
les mandó esperar en un pequeño patio ladrillado,
y de puro limpio y aljimifrado parecía que vertía
carmín de lo más fino.

Then he went out and called them, and they went in,
and their guide told them to wait in a small brick-built
courtyard, and from the pure cleanliness of it, it looked as if
it poured the finest crimson.

Al un lado estaba un banco de tres pies y al otro un   83.3
cántaro desbocado con un jarrillo encima, no menos
falto que el cántaro;

On one side was a three-foot bench, and on the other an
overflowing pitcher with a little jar on top, no less lacking
than the pitcher;

83.4 a otra parte estaba una estera de enea, y en el medio un tiesto, que en Sevilla llaman maceta, de albahaca.

on the other side was a mat of bulrush, and in the middle a pot, which in Seville they call a maceta, of basil.

84.1 Miraban los mozos atentamente las alhajas de la casa,

The lads were looking attentively at the jewels in the house,

84.2 en tanto que bajaba el señor Monipodio;

while Señor Monipodio was coming down;

84.3 y, viendo que tardaba, se atrevió Rincón a entrar en una sala baja, de dos pequeñas que en el patio estaban, y vio en ella dos espadas de esgrima y dos broqueles de corcho, pendientes de cuatro clavos, y una arca grande sin tapa ni cosa que la cubriese, y otras tres esteras de enea tendidas por el suelo.

and seeing that he was late, Rincón ventured to enter one of the two small rooms in the courtyard, and saw in it two fencing swords and two cork bucklers, hanging from four nails, and a large chest without a lid or anything to cover it, and three other mats of bulrushes lying on the floor.

84.4 En la pared frontera estaba pegada a la pared una imagen de Nuestra Señora, destas de mala estampa, y más abajo pendía una esportilla de palma, y, encajada en la pared, una almofía blanca, por do coligió Rincón que la esportilla servía de cepo para limosna, y la almofía de tener agua bendita, y así era la verdad.

On the border wall was attached to the wall an image of Our Lady, a bad-looking one, and further down hung a palm sportilla, and, embedded in the wall, a white almofia, from which Rincón deduced that the sportilla served as a trap for alms, and the almofia to hold holy water, and that was the truth.

Estando en esto, entraron en la casa dos mozos de
hasta veinte años cada uno, vestidos de estudiantes;

85.1

While they were doing so, two young men of up to twenty
years of age each, dressed as students, entered the house;

y de allí a poco, dos de la esportilla y un ciego;

85.2

and from there, two of the sportilla and a blind man;

y, sin hablar palabra ninguno, se comenzaron a
pasear por el patio.

85.3

and, without speaking a word, they began to stroll about
the courtyard.

No tardó mucho, cuando entraron dos viejos de
bayeta, con antojos que los hacían graves y dignos
de ser respectados, con sendos rosarios de sonadoras
cuentas en las manos.

85.4

It did not take long, when two old men in cloth came in,
with whims that made them grave and worthy of respect,
each with a rosary of ringing beads in their hands.

Tras ellos entró una vieja halduda, y, sin decir nada,
se fue a la sala; y, habiendo tomado agua bendita,
con grandísima devoción se puso de rodillas ante
la imagen, y, a cabo de una buena pieza, habiendo
primero besado tres veces el suelo y levantados los
brazos y los ojos al cielo otras tantas, se levantó y
echó su limosna en la esportilla, y se salió con los
demás al patio.

85.5

After them, an old woman came in, and without saying
anything, she went into the room, and having drunk holy
water, with great devotion she knelt down before the
image, and after a good while, having first kissed the floor
three times and raised her arms and eyes to heaven three
times, she got up and threw her alms into the sporran, and
went out with the others into the courtyard.

85.6 **En resolución, en poco espacio se juntaron en el patio hasta catorce personas de diferentes trajes y oficios.**

In resolution, in a short space of time, as many as fourteen people of different costumes and trades gathered in the courtyard.

85.7 **Llegaron también de los postreros dos bravos y bizarros mozos, de bigotes largos, sombreros de grande falda, cuellos a la valona, medias de color, ligas de gran balumba, espadas de más de marca, sendos pistoletes cada uno en lugar de dagas, y sus broqueles pendientes de la pretina;**

Two of the latter also arrived, two brave and bizarre young men, with long mustaches, large-skirted hats, long-skirted collars, colored stockings, garters of large balumba, swords of more than one brand, each with a pistol instead of a dagger, and their bucklers hanging from the waistband;

85.8 **los cuales, así como entraron, pusieron los ojos de través en Rincón y Cortado, a modo de que los estrañaban y no conocían.**

who, as they entered, turned their eyes on Rincón and Cortado, as if they had missed them and were not acquainted with them.

85.9 **Y, llegándose a ellos, les preguntaron si eran de la cofradía.**

And, coming up to them, they asked them if they were of the brotherhood.

85.10 **Rincón respondió que sí,**

Rincón answered that they were,

85.11 **y muy servidores de sus mercedes.**

and very servants of their mercies.

Llegóse en esto la sazón y punto en que bajó el señor
Monipodio, tan esperado como bien visto de toda
aquella virtuosa compañía.

86.1

At this point, the time and point arrived when Señor
Monipodio came down, as expected as well as well seen
from all that virtuous company.

Parecía de edad de cuarenta y cinco a cuarenta y seis
años, alto de cuerpo, moreno de rostro, cejijunto,
barbinegro y muy espeso;

86.2

He appeared to be between forty-five and forty-six years of
age, tall in body, dark in face, with a dark eyebrow, bearded
and very thick;

los ojos, hundidos. Venía en camisa,

86.3

his eyes were deep-set. He was wearing a shirt,

y por la abertura de delante descubría un bosque:

86.4

and through the opening in front of him a forest could be
seen:

tanto era el vello que tenía en el pecho.

86.5

he had so much hair on his chest.

Traía cubierta una capa de bayeta casi hasta los pies,

86.6

He was covered with a cloak of cloth almost to his feet,

en los cuales traía unos zapatos enchancletados,

86.7

in which he wore shoes that had been stiffened,

cubríanle las piernas unos zaragüelles de lienzo,

86.8

and his legs were covered with canvas sarsen,

anchos y largos hasta los tobillos;

86.9

wide and long up to his ankles;

el sombrero era de los de la hampa,

86.10

his hat was of the underworld type,

86.11 **campanudo de copa y tendido de falda;**
bell-shaped with a bell-shaped top and a long skirt;

86.12 **atravesábale un tahalí por espalda y pechos a do colgaba una espada ancha y corta,**
The hands were short,

86.13 **a modo de las del perrillo; las manos eran cortas, pelosas,**
hairy, and the fingers were fat,

86.14 **y los dedos gordos,**
and the nails were female and riveted; the legs did not resemble him,

86.15 **y las uñas hembras y remachadas; las piernas no se le parecían,**
but the feet were huge,

86.16 **pero los pies eran descomunales de anchos y juanetudos.**
wide and bunion-shaped.

86.17 **En efeto,**
In fact,

86.18 **él representaba el más rústico y disforme bárbaro del mundo.**
he represented the most rustic and deformed barbarian in the world.

86.19 **Bajó con él la guía de los dos, y, trabándoles de las manos, los presentó ante Monipodio, diciéndole:**
The guide of the two went down with him, and, taking them by the hands, presented them before Monipodio, saying to him:

– Éstos son los dos buenos mancebos que a vuesa merced dije,

87.1

– These are the two good young men that I told you,

mi sor Monipodio:

87.2

my sister Monipodio:

vuesa merced los desamine y verá como son dignos de entrar en nuestra congregación.

87.3

you will examine them and you will see that they are worthy of entering our congregation.

– Eso haré yo de muy buena gana - respondió Monipodio.

88.1

– I will do that very willingly," replied Monipodio.

Olvidábaseme de decir que, así como Monipodio bajó, al punto, todos los que aguardándole estaban le hicieron una profunda y larga reverencia, excepto los dos bravos, que, a medio magate, como entre ellos se dice, le quitaron los capelos, y luego volvieron a su paseo por una parte del patio, y por la otra se paseaba Monipodio, el cual preguntó a los nuevos el ejercicio, la patria y padres.

89.1

I forgot to say that, just as Monipodio came down, at once, all those who were waiting for him made a deep and long bow to him, except the two bravos, who, a medio magate, as they say among themselves, took off their capelos, and then returned to their walk on one side of the courtyard, and on the other side Monipodio was walking, who asked the newcomers about their exercise, homeland and parents.

A lo cual Rincón respondió:

90.1

To which Rincón responded:

91.1 – El ejercicio ya está dicho, pues venimos ante vuesa merced;

– The exercise has already been said, since we come before you;

91.2 la patria no me parece de mucha importancia decilla, ni los padres tam-poco, pues no se ha de hacer información para recebir algún hábito honroso.

the homeland does not seem to me to be of much importance, nor the fathers either, since one does not have to make information to receive some honorable habit.

92.1 A lo cual respondió Monipodio:

To which Monipodio replied:

93.1 – Vos, hijo mío, estáis en lo cierto, y es cosa muy acertada encubrir eso que decís;

– You, my son, are right, and it is a very wise thing to cover up what you say;

93.2 porque si la suerte no corriere como debe, no es bien que quede asentado debajo de signo de escribano, ni en el libro de las entradas:

for if the fate does not run as it should, it is not good that it should be recorded under a notary's sign, nor in the book of entries:

93.3 "Fulano, hijo de Fulano, vecino de tal parte, tal día le ahorcaron, o le azotaron", o otra cosa semejante, que, por lo menos, suena mal a los buenos oídos;

"So-and-so, son of So-and-so, neighbor of such-and-such a place, on such-and-such a day he was hanged or flogged," or something else like that, which, at least, sounds bad to good ears;

y así, torno a decir que es provechoso documento callar la patria, encubrir los padres y mudar los propios nombres;

93.4

and so I am about to say that it is a useful document to conceal one's fatherland, to conceal one's parents, and to change one's names;

aunque para entre nosotros no ha de haber nada encubierto,

93.5

although for us there should be nothing concealed,

y sólo ahora quiero saber los nombres de los dos.

93.6

and only now do I want to know the names of the two of them.

Rincón dijo el suyo y Cortado también.

94.1

Rincón said his and so did Cortado.

95.1 – Pues, de aquí adelante - respondió Monipodio-, quiero y es mi voluntad que vos, Rincón, os llaméis Rinconete, y vos, Cortado, Cortadillo, que son nombres que asientan como de molde a vuestra edad y a nuestras ordenanzas, debajo de las cuales cae tener necesidad de saber el nombre de los padres de nuestros cofrades, porque tenemos de costumbre de hacer decir cada año ciertas misas por las ánimas de nuestros difuntos y bienhechores, sacando el estupendo para la limosna de quien las dice de alguna parte de lo que se garbea;

– Well, from now on," replied Monipodio, "I want and it is my will that you, Rincón, be called Rinconete, and you, Cortado, Cortadillo, which are names that fit your age and our ordinances, under which it is necessary to know the names of the parents of our brothers, because we are in the habit of having certain masses said each year for the souls of our deceased and benefactors, taking the stupendous for the alms of the one who says them from some part of what is garbeted;

95.2 y estas tales misas, así dichas como pagadas, dicen que aprovechan a las tales ánimas por vía de naufragio, y caen debajo de nuestros bienhechores:

and these masses, whether said or paid, are said to benefit the souls by way of shipwreck, and fall under our benefactors:

95.3 el procurador que nos defiende, el guro que nos avisa, el verdugo que nos tiene lástima, el que, cuando alguno de nosotros va huyendo por la calle y detrás le van dando voces:

the procurator who defends us, the guro who warns us, the executioner who pities us, the one who, when one of us is fleeing down the street and behind him they are shouting:

95.4 ¡Al ladrón, al ladrón! ¡Deténganle, deténganle!,

Stop the thief, stop the thief! Stop him, stop him, stop him!

uno se pone en medio y se opone al raudal de los que le siguen, diciendo: 95.5

one stands in the middle and opposes the stream of those who follow him, saying:

¡Déjenle al cuitado, que harta mala ventura lleva!   95.6

Let him alone, for he has had enough of bad luck!

¡Allá se lo haya; castíguele su pecado!   95.7

There he is; punish him for his sin!

Son también bienhechoras nuestras las socorridas, que de su sudor nos socorren, ansí en la trena como en las guras;   95.8

Our helpers are also our benefactors, who help us with their own sweat, both in the prison and in the guras;

y también lo son nuestros padres y madres, que nos echan al mundo, y el escribano, que si anda de buena, no hay delito que sea culpa ni culpa a quien se dé mucha pena;   95.9

and so are our fathers and mothers, who send us out into the world, and the notary, who, if he walks in good faith, there is no crime that is guilty or guilt to whom much grief is given;

y, por todos estos que he dicho, hace nuestra hermandad cada año su adversario con la mayor popa y solenidad que podemos.   95.10

and, for all these that I have said, our brotherhood makes its adversary every year with the greatest sternness and solenity that we can.

96.1 – Por cierto - dijo Rinconete, ya confirmado con este nombre-, que es obra digna del altísimo y profundísimo ingenio que hemos oído decir que vuesa merced, señor Monipodio, tiene.

– Certainly," said Rinconete, already confirmed by this name, "it is a work worthy of the very high and profound wit that we have heard that you, Senor Monipodio, have.

96.2 Pero nuestros padres aún gozan de la vida;

But our fathers still enjoy life;

96.3 si en ella les alcanzáremos, daremos luego noticia a esta felicísima y abogada confraternidad, para que por sus almas se les haga ese naufragio o tormenta, o ese adversario que vuesa merced dice, con la solenidad y pompa acostumbrada;

if we can reach them in it, we will give notice to this most happy and advocated confraternity, so that for their souls that shipwreck or storm, or that adversary that your worship says, may be done for them with the customary solenity and pomp;

96.4 si ya no es que se hace mejor con popa y soledad,

if it is not already better done with stern and solitude,

96.5 como también apuntó vuesa merced en sus razones.

as your worship also pointed out in your reasons.

97.1 – Así se hará, o no quedará de mí pedazo - replicó Monipodio.

– So it shall be done, or there will be no piece left of me," replied Monipodio.

98.1 Y, llamando a la guía, le dijo:

And, calling out to the guide, he said to her:

– Ven acá, Ganchuelo: ¿están puestas las postas?   99.1

– Come here, Ganchuelo: are the posts in place?

– Sí - dijo la guía, que Ganchuelo era su nombre-: tres   100.1
centinelas quedan avizorando, y no hay que temer
que nos cojan de sobresalto.

– Yes," said the guide, whose name was Ganchuelo, "three
sentries are on the lookout, and there is no need to fear that
they will take us by surprise.

– Volviendo, pues, a nuestro propósito - dijo   101.1
Monipodio-, querría saber, hijos, lo que sabéis,
para daros el oficio y ejercicio conforme a vuestra
inclinación y habilidad.

– So, returning to our purpose," said Monipodio, "I would
like to know, my sons, what you know, in order to give you
the trade and exercise according to your inclination and
ability.

– Yo - respondió Rinconete - sé un poquito de floreo   102.1
de Vilhán;

– I," replied Rinconete, "know a little of Vilhán's flourish;

entiéndeseme el retén; tengo buena vista para el   102.2
humillo;

I understand the retainer; I have good eyesight for the
smoke;

juego bien de la sola, de las cuatro y de las ocho;   102.3

I play well at the solo, four o'clock and eight o'clock;

no se me va por pies el raspadillo, verrugueta y el   102.4
colmillo;

my raspadillo, verrugueta and colmillo do not leave my
feet;

102.5 éntrome por la boca de lobo como por mi casa, y atreveríame a hacer un tercio de chanza mejor que un tercio de Nápoles, y a dar un astillazo al más pintado mejor que dos reales prestados.

I feel as much at home in the wolf's den, and I would dare to make a third of a joke better than a third of Naples, and to give a splinter to the most painted better than two borrowed reals.

103.1 – Principios son - dijo Monipodio-, pero todas ésas son flores de cantueso viejas, y tan usadas que no hay principiante que no las sepa, y sólo sirven para alguno que sea tan blanco que se deje matar de media noche abajo;

– They are beginnings," said Monipodio, "but they are all old canthus flowers, and so used that there is no beginner who does not know them, and they are only good for someone who is so white that he will let himself be killed in the middle of the night;

103.2 pero andará el tiempo y vernos hemos: que, asentando sobre ese fundamento media docena de liciones, yo espero en Dios que habéis de salir oficial famoso, y aun quizá maestro.

but time will pass, and we shall see, that, laying half a dozen lessons on that foundation, I hope in God that you will become a famous officer, and perhaps even a master.

104.1 – Todo será para servir a vuesa merced y a los señores cofrades - res-pondió Rinconete.

– Everything will be to serve your worship and the gentlemen of the brotherhood," said Rinconete.

– Y vos, Cortadillo, ¿qué sabéis? - preguntó Monipodio.

105.1

– And you, Cortadillo, what do you know? - asked Monipodio.

– Yo - respondió Cortadillo - sé la treta que dicen mete dos y saca cinco, y sé dar tiento a una faldriquera con mucha puntualidad y destreza.

106.1

– I," replied Cortadillo, "know the trick that they say 'put two in and get five out,' and I know how to tilt a skirt with great punctuality and dexterity.

– ¿Sabéis más? - dijo Monipodio.

107.1

– Do you know more? - said Monipodio.

– No, por mis grandes pecados - respondió Cortadillo.

108.1

– No, for my great sins," replied Cortadillo.

– No os aflijáis, hijo - replicó Monipodio-, que a puerto y a escuela habéis llegado donde ni os anegaréis ni dejaréis de salir muy bien aprovechado en todo aquello que más os conviniere.

109.1

– Don't worry, son," replied Monipodio, "you've reached a port and a school where you won't get drowned, nor will you fail to make good use of everything that suits you best.

Y en esto del ánimo, ¿cómo os va, hijos?

109.2

And how is your morale, my sons, how are you doing?

– ¿Cómo nos ha de ir - respondió Rinconete - sino muy bien?

110.1

– How can we fare," answered Rinconete, "if not very well?

110.2 Ánimo tenemos para acometer cualquiera empresa de las que tocaren a nuestro arte y ejercicio.

We have the courage to undertake any enterprise that touches our art and practice.

111.1 – Está bien - replicó Monipodio-, pero querría yo que también le tuviésedes para sufrir, si fuese menester, media docena de ansias sin desplegar los labios y sin decir esta boca es mía.

– That's all right," replied Monipodio, "but I'd like you to have him, too, to suffer, if necessary, half a dozen longings without opening your lips and without saying this is my mouth.

112.1 – Ya sabemos aquí - dijo Cortadillo-, señor Monipodio, qué quiere decir ansias, y para todo tenemos ánimo;

– We know here," said Cortadillo, "Senor Monipodio, what anxious means, and for everything we have courage;

112.2 porque no somos tan ignorantes que no se nos alcance que lo que dice la lengua paga la gorja;

for we are not so ignorant that it is not known to us that what the tongue says pays the gorilla;

112.3 y harta merced le hace el cielo al hombre atrevido, por no darle otro título, que le deja en su lengua su vida o su muerte, ¡como si tuviese más letras un no que un sí!

and heaven does a great mercy to the daring man, to give him no other title, who leaves his life or his death on his tongue, as if a no had more letters than a yes!

113.1 – ¡Alto, no es menester más! - dijo a esta sazón Monipodio-.

– Stop, no more is needed! - said Monipodio at this point.

Digo que sola esa razón me convence, me obliga, me persuade y me fuerza a que desde luego asentéis por cofrades mayores y que se os sobrelleve el año del noviciado.

113.2

I say that this reason alone convinces me, obliges me, persuades me and forces me to accept you as senior confreres and to endure the novitiate year.

– Yo soy dese parecer - dijo uno de los bravos.

114.1

– I want to seem," said one of the bravos.

Y a una voz lo confirmaron todos los presentes, que toda la plática habían estado escuchando, y pidieron a Monipodio que desde luego les concediese y permitiese gozar de las inmunidades de su cofradía, porque su presencia agradable y su buena plática lo merecía todo.

115.1

And with one voice all those present, who had been listening to the whole talk, confirmed it, and asked Monipodio to grant them and allow them to enjoy the immunities of his confraternity, because their pleasant presence and good conversation deserved it all.

Él respondió que, por dalles contento a todos, desde aquel punto se las concedía, y advirtiéndoles que las estimasen en mucho, porque eran no pagar media nata del primer hurto que hiciesen;

115.2

He answered that, to make them all happy, he would grant them from that point, and warning them to esteem them very highly, because they were not to pay half a cream of the first theft they did;

no hacer oficios menores en todo aquel año, conviene a saber:

115.3

not to do minor offices in all that year, namely, not to carry the guard of any brother of the confraternity:

115.4 **no llevar recaudo de ningún hermano mayor a la cárcel, ni a la casa, de parte de sus contribuyentes;**

not to take any of the older brothers to jail or to the house on behalf of their contributors;

115.5 **piar el turco puro;**

to chew the pure Turkish;

115.6 **hacer banquete cuando, como y adonde quisieren, sin pedir licencia a su mayoral;**

to feast when, how and where they wanted, without asking permission from their mayoral;

115.7 **entrar a la parte, desde luego, con lo que entrujasen los hermanos mayores, como uno dellos, y otras cosas que ellos tuvieron por merced señaladísima, y los demás, con palabras muy comedidas, las agradecieron mucho.**

to enter the part, immediately, with whatever the older brothers entrusted to them, as one of them, and other things that they considered a very important mercy, and the others, with very measured words, thanked them very much.

116.1 **Estando en esto, entró un muchacho corriendo y desalentado, y dijo:**

While this was going on, a boy came running in, discouraged, and said:

117.1 **– El alguacil de los vagabundos viene encaminado a esta casa,**

– The tramp sheriff is on his way to this house,

117.2 **pero no trae consigo gurullada.**

but he doesn't bring any gurullada with him.

– Nadie se alborote - dijo Monipodio-,   118.1
– Nobody get excited - said Monipodio-,

que es amigo y nunca viene por nuestro daño.   118.2
Sosiéguense,
he is a friend and never comes to harm us. Sit down,

que yo le saldré a hablar.   118.3
and I will go out and talk to him.

Todos se sosegaron, que ya estaban algo   119.1
sobresaltados, y Monipodio salió a la puerta, donde
halló al alguacil, con el cual estuvo hablando un rato,
y luego volvió a entrar Monipodio y preguntó:
Monipodio went out to the door, where he found the bailiff,
with whom he talked for a while, and then Monipodio came
back in and asked:

– ¿A quién le cupo hoy la plaza de San Salvador?   120.1
– To whom did the plaza of San Salvador go today?

– A mí - dijo el de la guía.   121.1
– To me," said the guide.

– Pues ¿cómo - dijo Monipodio - no se me ha   122.1
manifestado una bolsilla de ámbar que esta mañana
en aquel paraje dio al traste con quince escudos de oro
y dos reales de a dos y no sé cuántos cuartos?
– Well," said Monipodio, "how," said Monipodio, "has a bag
of amber that this morning in that place gave me fifteen
escudos of gold and two reales of two and I don't know how
many quarters?

123.1 – Verdad es - dijo la guía - que hoy faltó esa bolsa,
pero yo no la he tomado, ni puedo imaginar quién la
tomase.

– It's true," said the guide, "that bag was missing today, but
I didn't take it, nor can I imagine who did.

124.1 – ¡No hay levas conmigo! - replicó Monipodio-.

– I don't have any levers with me! - replied Monipodio-.

124.2 ¡La bolsa ha de parecer, porque la pide el alguacil, que
es amigo y nos hace mil placeres al año!

The bag has to appear, because the sheriff is asking for it,
and he's a friend and does us a thousand favors a year!

125.1 Tornó a jurar el mozo que no sabía della.

The young man swore again that he didn't know what it
was.

125.2 Comenzóse a encolerizar Monipodio, de manera que
parecía que fuego vivo lanzaba por los ojos, diciendo:

Monipodio began to get angry, so that it seemed as if he was
shooting live fire out of his eyes, saying:

126.1 – ¡Nadie se burle con quebrantar la más mínima cosa
de nuestra orden,

– Let no one make a mockery of breaking the least thing of
our order,

126.2 que le costará la vida! Manifiéstese la cica;

which will cost him his life! Let the pike show itself;

y si se encubre por no pagar los derechos, yo le daré enteramente lo que le toca y pondré lo demás de mi casa; 126.3

and if he conceals himself by not paying the duties, I will give him entirely what is due him, and I will put in the rest from my house;

porque en todas maneras ha de ir contento el alguacil. 126.4

for in any case the bailiff will be happy.

Tornó de nuevo a jurar el mozo y a maldecirse, 127.1

The young man swore again and cursed himself,

diciendo que él no había tomado tal bolsa ni vístola de sus ojos; 127.2

saying that he had not taken such a bag nor had he taken it from his eyes;

todo lo cual fue poner más fuego a la cólera de Monipodio, y dar ocasión a que toda la junta se alborotase, viendo que se rompían sus estatutos y buenas ordenanzas. 127.3

all of which was to inflame Monipodio's anger even more, and to give occasion for the whole assembly to be in an uproar, seeing that their statutes and good ordinances were being broken.

Viendo Rinconete, pues, tanta disensión y alboroto, parecióle que sería bien sosegalle y dar contento a su mayor, que reventaba de rabia; 128.1

Rinconete, then, seeing so much dissension and commotion, thought it would be well to calm him down and give contentment to his major, who was bursting with rage;

128.2 y, aconsejándose con su amigo Cortadilo, con parecer de entrambos, sacó la bolsa del sacristán y dijo:

and, taking counsel with his friend Cortadilo, with the opinion of both of them, he took out the sacristan's bag and said:

129.1 – Cese toda cuestión, mis señores, que ésta es la bolsa, sin faltarle nada de lo que el alguacil manifiesta;

– The bag is here, without lacking anything of what the constable says;

129.2 que hoy mi camarada Cortadillo le dio alcance,

today my comrade Cortadillo caught up with it,

129.3 con un pañuelo que al mismo dueño se le quitó por añadidura.

with a handkerchief that was taken from the owner himself.

130.1 Luego sacó Cortadillo el pañizuelo y lo puso de manifiesto;

Then Cortadillo took out the handkerchief and made it manifest;

130.2 viendo lo cual, Monipodio dijo:

seeing which, Monipodio said:

131.1 – Cortadillo el Bueno, que con este título y renombre ha de quedar de aquí adelante, se quede con el pañuelo y a mi cuenta se quede la satisfación deste servicio; y la bolsa se ha de llevar el alguacil, que es de un sacristán pariente suyo, y conviene que se cumpla aquel refrán que dice:

– The sheriff, who belongs to a sexton who is a relative of his, is to take the purse, and it is fitting that the saying should be fulfilled:

"No es mucho que a quien te da la gallina entera,   131.2
"It is not much that to one who gives you the whole hen,

tú des una pierna della".   131.3
you give a leg of it.

Más disimula este buen alguacil en un día que   131.4
nosotros le podremos ni solemos dar en ciento.
This good constable dissimulates more in one day than we
can or usually give him in a hundred.

De común consentimiento aprobaron todos la   132.1
hidalguía de los dos modernos y la sentencia y
parecer de su mayoral,
By common consent they all approved the nobility of
the two moderns and the sentence and opinion of their
majoral,

el cual salió a dar la bolsa al alguacil;   132.2
who went out to give the bag to the bailiff;

y Cortadillo se quedó confirmado con el renombre   132.3
de Bueno, bien como si fuera don Alonso Pérez
de Guzmán el Bueno, que arrojó el cuchillo por los
muros de Tarifa para degollar a su único hijo.
and Cortadillo was confirmed with the name of Good, as if
he were Don Alonso Perez de Guzman the Good, who threw
his knife through the walls of Tarifa to slit the throat of his
only son.

133.1 Al volver, que volvió, Monipodio, entraron con él dos mozas, afeitados los rostros, llenos de color los labios y de albayalde los pechos, cubiertas con medios mantos de anascote, llenas de desenfado y desvergüenza:

When Monipodio returned, two young women came in with him, their faces clean-shaven, their lips full of color and their breasts full of albayalde, covered with half cloaks of anascote, full of brazenness and shamelessness:

133.2 señales claras por donde, en viéndolas Rinconete y Cortadillo, conocieron que eran de la casa llana;

clear signs by which, when Rinconete and Cortadillo saw them, they knew that they were of the plain house;

133.3 y no se engañaron en nada.

and they were not deceived in anything.

133.4 Y, así como entraron, se fueron con los brazos abiertos, la una a Chiquiznaque y la otra a Maniferro, que éstos eran los nombres de los dos bravos;

And as soon as they entered, they left with open arms, the one to Chiquiznaque and the other to Maniferro, which were the names of the two braves;

133.5 y el de Maniferro era porque traía una mano de hierro, en lugar de otra que le habían cortado por justicia.

and Maniferro's name was because he had an iron hand instead of the other that had been cut off for justice.

133.6 Ellos las abrazaron con grande regocijo,

They embraced them with great rejoicing,

y les preguntaron si traían algo con que mojar la
canal maestra.

133.7

and asked them if they brought anything with which to wet
the master carcass.

- Pues, ¿había de faltar, diestro mío?

134.1

Well, should I be missing, my right-hand man?

– respondió la una, que se llamaba la Gananciosa-.

134.2

– answered the one, who was called Gananciosa.

No tardará mucho a venir Silbatillo, tu trainel, con
la canasta de colar atestada de lo que Dios ha sido
servido.

134.3

It won't be long before Silbatillo, your trainel, comes with a
basket full of what God has served.

Y así fue verdad,

135.1

And so it was true,

porque al instante entró un muchacho con una
canasta de colar cubierta con una sábana.

135.2

because at once a boy came in with a straining basket
covered with a sheet.

Alegráronse todos con la entrada de Silbato, y al
momento mandó sacar Monipodio una de las esteras
de enea que estaban en el aposento, y tenderla en
medio del patio.

136.1

They all rejoiced at the entrance of Silbato, and at once
Monipodio ordered to take out one of the mats of bulrush
that were in the room, and to spread it in the middle of the
courtyard.

136.2 **Y ordenó, asimismo, que todos se sentasen a la redonda; porque, en cortando la cólera, se trataría de lo que mas conviniese.**

He also ordered everyone to sit down around the table, because when the anger subsided, they would discuss whatever was most convenient.

136.3 **A esto, dijo la vieja que había rezado a la imagen:**

To this, said the old woman who had prayed to the image:

137.1 **– Hijo Monipodio, yo no estoy para fiestas, porque tengo un vaguido de cabeza, dos días ha, que me trae loca;**

– Son Monipodio, I'm not in the mood for parties, because I've had a headache for two days now that's driving me crazy;

137.2 **y más, que antes que sea mediodía tengo de ir a cumplir mis devociones y poner mis candelicas a Nuestra Señora de las Aguas y al Santo Crucifijo de Santo Agustín, que no lo dejaría de hacer si nevase y ventiscase.**

and what's more, before noon I have to go to fulfill my devotions and put my candelicas to Our Lady of the Waters and to the Holy Crucifix of St. Augustine, which I wouldn't miss if it were snowing and blizzarding.

137.3 **A lo que he venido es que anoche el Renegado y Centopiés llevaron a mi casa una canasta de colar, algo mayor que la presente, llena de ropa blanca;**

What I have come to is that last night the Renegade and Centopiés brought to my house a laundry basket, somewhat larger than the present one, full of white clothes;

y en Dios y en ni ánima que venía con su cernada y   137.4
todo, que los pobretes no debieron de tener lugar de
quitalla, y venían sudando la gota tan gorda, que era
una compasión verlos entrar ijadeando y corriendo
agua de sus rostros, que parecían unos angelicos.
and in God and in my soul that came with its sifting and all,
the poor guys must not have had room to remove it, and
they came sweating so much that it was a pity to see them
come in panting and running water from their faces, they
looked like angels.

Dijéronme que iban en seguimiento de un ganadero   137.5
que había pesado ciertos carneros en la Carnicería,
They told me that they were following a cattleman who had
weighed some rams in the butcher's shop,

por ver si le podían dar un tiento en un grandísimo   137.6
gato de reales que llevaba.
to see if they could give him a tiento on a very large jack of
reales that he was carrying.

No desembanastaron ni contaron la ropa,   137.7
They neither disemboweled nor counted the clothes,

fiados en la entereza de mi conciencia;   137.8
trusting in the integrity of my conscience;

y así me cumpla Dios mis buenos deseos y nos libre   137.9
a todos de poder de justicia, que no he tocado a la
canasta, y que se está tan entera como cuando nació.
and so may God fulfill my good wishes and free us all from
the power of justice, that I have not touched the basket, and
that it is as whole as when it was born.

138.1 – Todo se le cree, señora madre - respondió
Monipodio-, y estése así la canasta, que yo iré allá,
a boca de sorna, y haré cala y cata de lo que tiene, y
daré a cada uno lo que le tocare, bien y fielmente,
como tengo de costumbre.

– All is believed, madam mother," replied Monipodio, "and
let the basket stand thus, for I will go there, with the mouth
of a scoffer, and I will take and taste what is in it, and give
to each one what I shall give him, well and faithfully, as I
am accustomed to do.

139.1 – Sea como vos lo ordenáredes, hijo - respondió la
vieja-;

– Be it as you command, son," replied the old woman;

139.2 y, porque se me hace tarde, dadme un traguillo,
si tenéis, para consolar este estómago, que tan
desmayado anda de contino.

"and, because I am getting late, give me a little drink, if you
have one, to comfort this stomach, which is so faint all the
time.

140.1 – Y ¡qué tal lo beberéis, madre mía!

– And how will you drink it, my mother!

140.2 – dijo a esta sazón la Escalanta,

– said Escalanta,

140.3 que así se llamaba la compañera de la Gananciosa.

which was the name of Gananciosa's companion.

Y, descubriendo la canasta, se manifestó una bota   141.1
a modo de cuero, con hasta dos arrobas de vino, y
un corcho que podría caber sosegadamente y sin
apremio hasta una azumbre;

And, uncovering the basket, a leather-like boot was
revealed, with up to two arrobas of wine, and a cork that
could fit quietly and without haste up to an azumbre;

y, llenándole la Escalanta, se le puso en las manos a   141.2
la devotísima vieja, la cual, tomándole con ambas
manos y habiéndole soplado un poco de espuma, dijo:

and, filling the Escalanta, it was placed in the hands of the
most devoted old woman, who, taking it with both hands
and having blown a little foam into it, said:

– Mucho echaste, hija Escalanta, pero Dios dará   142.1
fuerzas para todo.

– You threw a lot, daughter Escalanta, but God will give you
strength for everything.

Y, aplicándosele a los labios, de un tirón, sin tomar   143.1
aliento, lo trasegó del corcho al estómago, y acabó
diciendo:

And, applying it to his lips, with a jerk, without taking a
breath, he swallowed it from the cork to his stomach, and
ended by saying:

– De Guadalcanal es, y aun tiene un es no es de yeso el   144.1
señorico.

– He's from Guadalcanal, and he even has an es, he's not
made of plaster, the gentleman.

Dios te consuele, hija, que así me has consolado;   144.2

God comfort you, daughter, you have comforted me in this
way;

144.3 **sino que temo que me ha de hacer mal,**
but I fear that it will do me harm,

144.4 **porque no me he desayunado.**
because I have not had breakfast.

145.1 **– No hará, madre - respondió Monipodio-, porque es trasañejo.**
– He won't do it, mother," Monipodio answered, "because he's old.

146.1 **– Así lo espero yo en la Virgen - respondió la Vieja.**
– I hope so in the Virgin," replied the Old Woman.

147.1 **Y añadió:**
He added:

148.1 **– Mirad, niñas, si tenéis acaso algún cuarto para comprar las candelicas de mi devoción, porque, con la priesa y gana que tenía de venir a traer las nuevas de la canasta, se me olvidó en casa la escarcela.**
– Look, girls, if you have some room to buy the candelicas of my devotion, because, with the haste and desire that I had to come to bring the news of the basket, I forgot the candlestick at home.

149.1 **– Yo sí tengo, señora Pipota - (que éste era el nombre de la buena vieja) respondió la Gananciosa-;**
– I do have one, Mrs. Pipota," answered La Gananciosa;

149.2 **tome, ahí le doy dos cuartos:**
"here, I'll give you two quarters:

149.3 **del uno le ruego que compre una para mí,**
I beg you to buy one for me,

y se la ponga al señor San Miguel; 149.4

and give it to Mr. San Miguel;

y si puede comprar dos, ponga la otra al señor San 149.5
Blas, que son mis abogados.

and if you can buy two, give the other to Mr. San Blas, who
are my lawyers.

Quisiera que pusiera otra a la señora Santa Lucía, que, 149.6
por lo de los ojos, también le tengo devoción, pero no
tengo trocado;

I would like you to give another one to Mrs. Santa Lucia,
who, because of her eyes, I also have a devotion to, but I
have no money;

mas otro día habrá donde se cumpla con todos. 149.7

but there will be another day when it will be done with
everyone.

– Muy bien harás, hija, y mira no seas miserable; 150.1

– You will do very well, daughter, and see that you are not
miserable;

que es de mucha importancia llevar la persona las 150.2
candelas delante de sí antes que se muera,

for it is of great importance to carry the candles before the
person before he dies,

y no aguardar a que las pongan los herederos o 150.3
albaceas.

and not to wait for the heirs or executors to place them.

– Bien dice la madre Pipota - dijo la Escalanta. 151.1

– Mother Pipota says it well," said Escalanta.

152.1 Y, echando mano a la bolsa, le dio otro cuarto y
le encargó que pusiese otras dos candelicas a los
santos que a ella le pareciesen que eran de los más
aprovechados y agradecidos.

And, reaching into her purse, she gave him another quarter
and asked him to put two more candlesticks to the saints
whom she thought were the most grateful and grateful.

152.2 Con esto, se fue la Pipota, diciéndoles:

With this, Pipota left, saying to them:

153.1 – Holgaos, hijos, ahora que tenéis tiempo; que vendrá
la vejez y lloraréis en ella los ratos que perdistes en la
mocedad, como yo los lloro; y encomendadme a Dios
en vuestras oraciones, que yo voy a hacer lo mismo
por mí y por vosotros, porque Él nos libre y conserve
en nuestro trato peligroso, sin sobresaltos de justicia.

– And I will do the same for you and for me, so that He
may deliver us and preserve us in our dangerous dealings,
without any shocks of justice.

154.1 Y con esto, se fue.

And with that, he left.

155.1 Ida la vieja, se sentaron todos alrededor de la estera, y
la Gananciosa tendió la sábana por manteles;

When the old woman was gone, they all sat down around
the mat, and Gananciosa spread the sheet for tablecloths;

155.2 y lo primero que sacó de la cesta fue un grande haz de
rábanos y hasta dos docenas de naranjas y limones,

and the first thing she took out of the basket was a large
bundle of radishes and up to two dozen oranges and
lemons,

71

y luego una cazuela grande llena de tajadas de
bacallao frito.

155.3

and then a large pan full of slices of fried bacallao.

Manifestó luego medio queso de Flandes, y una olla
de famosas aceitunas, y un plato de camarones, y
gran cantidad de cangrejos, con su llamativo de
alcaparrones ahogados en pimientos, y tres hogazas
blanquísimas de Gandul.

155.4

Then he showed half a cheese from Flandes, and a pot of
famous olives, and a dish of shrimp, and a large quantity of
crabs, with their striking capers drowned in peppers, and
three very white loaves of Gandul.

Serían los del almuerzo hasta catorce, y ninguno
dellos dejó de sacar su cuchillo de cachas amarillas, si
no fue Rinconete, que sacó su media espada.

155.5

There were fourteen at lunch, and none of them failed to
draw their yellow-tipped knives, except Rinconete, who
drew his half-sword.

A los dos viejos de bayeta y a la guía tocó el escanciar
con el corcho de colmena.

155.6

To the two old men in cloth and to the guide it was time to
pour with the beehive cork.

Mas, apenas habían comenzado a dar asalto a las
naranjas, cuando les dio a todos gran sobresalto los
golpes que dieron a la puerta.

155.7

But no sooner had they begun to assault the oranges, when
the knocking at the door gave them all a great shock.

155.8 **Mandóles Monipodio que se sosegasen, y, entrando en la sala baja y descolgando un broquel, puesto mano a la espada, llegó a la puerta y con voz hueca y espantosa preguntó:**

Monipodio ordered them to calm down, and, entering the lower room and unhooking a buckler, he put his hand on his sword, came to the door and with a hollow and frightful voice asked:

156.1 **– ¿Quién llama?**

– Who is calling?

157.1 **Respondieron de fuera:**

They responded from outside:

158.1 **– Yo soy, que no es nadie, señor Monipodio: Tagarete soy, centinela desta mañana, y vengo a decir que viene aquí Juliana la Cariharta, toda desgreñada y llorosa, que parece haberle sucedido algún desastre.**

– I am Tagarete, sentinel of this morning, and I come to say that Juliana the Cariharta is coming here, all disheveled and tearful, and it seems that some disaster has befallen her.

159.1 **En esto llegó la que decía, sollozando, y, sintiéndola Monipodio, abrió la puerta, y mandó a Tagarete que se volviese a su posta y que de allí adelante avisase lo que viese con menos estruendo y ruido.**

At that moment she arrived, sobbing, and when Monipodio heard her, he opened the door and ordered Tagarete to return to his post and from there to report what he saw with less noise and din.

159.2 **Él dijo que así lo haría.**

He said he would do so.

Entró la Cariharta, que era una moza del jaez de las
otras y del mismo oficio. 159.3

Cariharta, who was a girl of the same type as the others and
of the same trade, came in.

Venía descabellada y la cara llena de tolondrones,
y, así como entró en el patio, se cayó en el suelo
desmayada. 159.4

She came in wild and her face was full of swallows, and as
soon as she entered the courtyard, she fell to the ground in
a swoon.

Acudieron a socorrerla la Gananciosa y la Escalanta,
y, desabrochándola el pecho, la hallaron toda
denegrida y como magullada. 159.5

Gananciosa and Escalanta came to her rescue and,
unbuttoning her chest, found her all bruised and battered.

Echáronle agua en el rostro, y ella volvió en sí,
diciendo a voces: 159.6

They poured water on her face, and she came to her senses,
crying out:

– ¡La justicia de Dios y del Rey venga sobre aquel
ladrón desuellacaras, sobre aquel cobarde
bajamanero, sobre aquel pícaro lendroso, que le
he quitado más veces de la horca que tiene pelos en
las barbas! 160.1

– The justice of God and of the King come upon that
thieving thief, upon that cowardly baseman, upon that
lenderous rogue, that I have taken more times from the
gallows than he has hairs in his beard!

¡Desdichada de mí! 160.2
Wretched me!

160.3 ¡Mirad por quién he perdido y gastado mi mocedad y la flor de mis años, sino por un bellaco desalmado, facinoroso e incorregible!

Look for whom I have lost and spent my youth and the flower of my years, but for a heartless, facinorous and incorrigible knave!

161.1 – Sosiégate, Cariharta - dijo a esta sazón Monipodio-, que aquí estoy yo que te haré justicia.

– I am here to do you justice, Cariharta," said Monipodio, "tell us your grievance, for you will be more interested in telling him than I am in getting revenge.

161.2 Cuéntanos tu agravio,

Tell us your grievance,

161.3 que más estarás tú en contarle que yo en hacerte vengada;

for you will be more eager to tell him than I am to avenge you;

161.4 dime si has habido algo con tu respecto;

tell me if you have done anything about it;

161.5 que si así es y quieres venganza, no has menester más que boquear.

for if so, and if you want revenge, you have no more need than to gasp.

162.1 – ¿Qué respecto? - respondió Juliana-.

– What about it? - replied Juliana.

Respectada me vea yo en los infiernos, si más lo
fuere de aquel león con las ovejas y cordero con los
hombres. ¿Con aquél había yo de comer más pan
a manteles, ni yacer en uno? Primero me vea yo
comida de adivas estas carnes, que me ha parado
de la manera que ahora veréis.

162.2

I shall be respected in hell, if I be more of that lion with the
sheep and lamb with men, with whom should I eat more
bread on tablecloths, or lie in one? First let me see myself
eaten of adivas these meats, that he has stopped me in the
way that now you will see. .

Y, alzándose al instante las faldas hasta la rodilla, y
aun un poco más, las descubrió llenas de cardenales.

163.1

And, instantly raising her skirts to the knee, and even a
little more, she discovered them full of bruises.

– Desta manera - prosiguió - me ha parado aquel
ingrato del Repolido, debiéndome más que a la madre
que le parió.

164.1

– In this way," he continued, "that ungrateful Repolido has
stopped me, owing me more than the mother who bore
him.

Y ¿por qué pensáis que lo ha hecho? ¡Montas,

164.2

And why do you think he has done it? You monks,

que le di yo ocasión para ello!

164.3

that I gave him occasion to do it!

164.4 No, por cierto, no lo hizo más sino porque, estando jugando y perdiendo, me envió a pedir con Cabrillas, su trainel, treinta reales, y no le envié más de veinte y cuatro, que el trabajo y afán con que yo los había ganado ruego yo a los cielos que vaya en descuento de mis pecados.

No, indeed, he did no more than because, being gambling and losing, he sent me to ask with Cabrillas, his trainel, for thirty reales, and I sent him no more than twenty-four, that the work and eagerness with which I had earned them I pray the heavens they may go in discount of my sins.

164.5 Y, en pago desta cortesía y buena obra, creyendo él que yo le sisaba algo de la cuenta que él allá en su imaginación había hecho de lo que yo podía tener, esta mañana me sacó al campo, detrás de la Güerta del Rey, y allí, entre unos olivares, me desnudó, y con la petrina, sin escusar ni recoger los hierros, que en malos grillos y hierros le vea yo, me dio tantos azotes que me dejó por muerta.

And, in payment for this courtesy and good deed, believing that I was robbing him of some of the account that he had made in his imagination of what I might have, this morning he took me out to the field, behind the Güerta del Rey, and there, among some olive groves, he stripped me naked, and with the petrine, without hiding or picking up the irons, which I see him in bad crickets and irons, he gave me so many lashes that he left me for dead.

164.6 De la cual verdadera historia son buenos testigos estos cardenales que miráis.

Of which true story these cardinals that you see are good witnesses.

Aquí tornó a levantar las voces, aquí volvió a pedir justicia, y aquí se la prometió de nuevo Monipodio y todos los bravos que allí estaban.

165.1

Here she raised her voices again, here she asked for justice again, and here Monipodio and all the bravos who were there promised her justice again.

La Gananciosa tomó la mano a consolalla,

165.2

La Gananciosa took consolalla by the hand,

diciéndole que ella diera de muy buena gana una de las mejores preseas que tenía porque le hubiera pasado otro tanto con su querido.

165.3

telling him that she would gladly give one of the best prizes she had because she would have done the same with her beloved.

– Porque quiero - dijo - que sepas, hermana Cariharta, si no lo sabes, que a lo que se quiere bien se castiga;

166.1

– For I want you to know," he said, "sister Cariharta, if you do not know it, that what is loved is well punished;

y cuando estos bellacones nos dan, y azotan y acocean, entonces nos adoran;

166.2

and when these knaves give us, and scourge and harass us, then they adore us;

si no, confiésame una verdad, por tu vida:

166.3

if not, confess to me a truth, for your life:

después que te hubo Repolido castigado y brumado,

166.4

after Repolido had punished you and mocked you,

¿no te hizo alguna caricia?

166.5

did he not give you some caress?

78

167.1 – ¿Cómo una? - respondió la llorosa-.
– Like one? - replied the weeping woman.

167.2 Cien mil me hizo,
A hundred thousand he made me,

167.3 y diera él un dedo de la mano porque me fuera con él
a su posada;
and he would give a finger of his hand to have me go with
him to his inn;

167.4 y aun me parece que casi se le saltaron las lágrimas de
los ojos después de haberme molido.
and it seems to me that the tears almost came out of his eyes
after he had crushed me.

168.1 – No hay dudar en eso - replicó la Gananciosa-.
– There is no doubt about that, " replied the Gananciosa.

168.2 Y lloraría de pena de ver cuál te había puesto;
And I would weep with grief to see which one had set you;

168.3 que en estos tales hombres, y en tales casos,
no han cometido la culpa cuando les viene el
arrepentimiento;
for in such men, and in such cases, they have not
committed guilt when repentance comes to them;

168.4 y tú verás, hermana, si no viene a buscarte antes
que de aquí nos vamos, y a pedirte perdón de todo lo
pasado, rindiéndosete como un cordero.
and you shall see, sister, if he does not come to seek you
before we leave here, and to ask your pardon for all that is
past, surrendering himself to you like a lamb.

– En verdad - respondió Monipodio - que no ha de   169.1
entrar por estas puertas el cobarde envesado, si
primero no hace una manifiesta penitencia del
cometido delito.

– In truth," replied Monipodio, "the cowardly coward will
not enter these doors, unless he first makes a manifest
penitence for the crime he has committed.

¿Las manos había él de ser osado ponerlas en el rostro   169.2
de la Cariharta, ni en sus carnes, siendo persona que
puede competir en limpieza y ganancia con la misma
Gananciosa que está delante, que no lo puedo más
encarecer?

Would he dare to put his hands on the face of Cariharta, nor
on her flesh, being a person who can compete in cleanliness
and profit with the same Gananciosa who is before him,
which I can no more recommend?

– ¡Ay! - dijo a esta sazón la Juliana-.   170.1

– Oh," said Juliana at this point.

No diga vuesa merced, señor Monipodio, mal de   170.2
aquel maldito, que con cuán malo es, le quiero más
que a las telas de mi corazón, y hanme vuelto el alma
al cuerpo las razones que en su abono me ha dicho mi
amiga la Gananciosa, y en verdad que estoy por ir a
buscarle.

Do not speak ill of that accursed man, Senor Monipodio,
for as bad as he is, I love him more than the fabrics of my
heart, and the reasons that my friend La Gananciosa has
told me in his favor have brought my soul back to my body,
and I am really about to go in search of him.

171.1 – Eso no harás tú por mi consejo - replicó la
Gananciosa-, porque se estenderá y ensanchará y
hará tretas en ti como en cuerpo muerto.
– You will not do that on my advice," replied the
Gananciosa, "for he will stretch and widen and play tricks
on you as on a dead body.

171.2 Sosiégate, hermana, que antes de mucho le verás
venir tan arrepentido como he dicho;
Be sure, sister, that before long you will see him come as
repentant as I have said;

171.3 y si no viniere,
and if he does not come,

171.4 escribirémosle un papel en coplas que le amargue.
we will write him a piece of paper in couplets to make him
bitter.

172.1 – Eso sí - dijo la Cariharta-, que tengo mil cosas que
escribirle.
– I do," said the Cariharta, "I have a thousand things to
write to you.

173.1 – Yo seré el secretario cuando sea menester - dijo
Monipodio-;
– I will be the secretary when necessary," said Monipodio;

y, aunque no soy nada poeta, todavía, si el hombre se arremanga, se atreverá a hacer dos millares de coplas en daca las pajas, y, cuando no salieren como deben, yo tengo un barbero amigo, gran poeta, que nos hinchirá las medidas a todas horas; 173.2

"and though I am not at all a poet, still, if the man rolls up his sleeves, he will dare to make two thousand couplets in daca the straws, and when they do not come out as they should, I have a barber friend, a great poet, who will swell our measures at all hours;

y en la de agora acabemos lo que teníamos comenzado del almuerzo, 173.3

and now let us finish what we have begun for lunch,

que después todo se andará. 173.4

and then everything will be done.

Fue contenta la Juliana de obedecer a su mayor; 174.1

Juliana was content to obey her eldest;

y así, todos volvieron a su gaudeamus, y en poco espacio vieron el fondo de la canasta y las heces del cuero. 174.2

and so, all returned to their gaudeamus, and in a short space saw the bottom of the basket and the dregs of the leather.

Los viejos bebieron sine fine; los mozos adunia; las señoras, 174.3

The old men drank sine fine; the waiters adunia; the ladies,

los quiries. Los viejos pidieron licencia para irse. 174.4

the quiries. The old men asked for leave to go.

Diósela luego Monipodio, 174.5

Monipodio gave it to them then,

174.6 **encargándoles** viniesen a dar noticia con toda puntualidad de todo aquello que viesen ser útil y conveniente a la comunidad.

ordering them to come to give news with all punctuality of everything that they saw to be useful and convenient to the community.

174.7 **Respondieron** que ellos se lo tenían bien en cuidado y fuéronse.

They answered that they had it well in care and they left.

175.1 **Rinconete,** que de suyo era curioso, pidiendo primero perdón y licencia, preguntó a Monipodio que de qué servían en la cofradía dos personajes tan canos, tan graves y apersonados.

Rinconete, who was curious by nature, first asked Monipodio for pardon and license, and then asked him what the purpose of two such gray-haired, serious, and outspoken characters were in the brotherhood.

175.2 **A lo cual respondió** Monipodio que aquéllos, en su germanía y manera de hablar, se llamaban avispones, y que servían de andar de día por toda la ciudad avispando en qué casas se podía dar tiento de noche, y en seguir los que sacaban dinero de la Contratación o Casa de la Moneda, para ver dónde lo llevaban, y aun dónde lo ponían;

To which Monipodio replied that they, in their Germanic way of speaking, were called hornets, and that they were used to going all over the city by day to find out which houses could be searched at night, and to follow those who took money out of the Casa de la Moneda, to see where they took it, and even where they put it;

y, en sabiéndolo, tanteaban la groseza del muro de la
tal casa y diseñaban el lugar más conveniente para
hacer los guzpátaros -

175.3

Knowing this, they would feel out the thickness of the wall
of the house and would design the most convenient place to
make the guzpátaros -

que son agujeros - para facilitar la entrada.

175.4

which are holes - to facilitate entry.

En resolución, dijo que era la gente de más o de tanto
provecho que había en su hermandad, y que de todo
aquello que por su industria se hurtaba llevaban el
quinto, como Su Majestad de los tesoros;

175.5

In resolution, he said that they were the most or most
profitable people that there were in his brotherhood, and
that of all that was stolen by their industry they took the
fifth, like His Majesty of the treasures;

y que, con todo esto, eran hombres de mucha verdad,
y muy honrados, y de buena vida y fama, temerosos
de Dios y de sus conciencias, que cada día oían misa
con estraña devoción.

175.6

and that, with all this, they were men of much truth, and
very honorable, and of good life and fame, fearful of God
and of their consciences, that every day they heard mass
with strange devotion.

– Y hay dellos tan comedidos, especialmente estos dos
que de aquí se van agora, que se contentan con mucho
menos de lo que por nuestros aranceles les toca.

176.1

– And there are some of them who are so restrained,
especially these two who are leaving here now, that they
are content with much less than what they are entitled to
by our tariffs.

176.2 **Otros dos que hay son palanquines, los cuales, como por momentos mudan casas, saben las entradas y salidas de todas las de la ciudad, y cuáles pueden ser de provecho y cuáles no.**

Two others are palanquins, who, as they move houses at times, know the entrances and exits of all the houses in the city, and which ones can be profitable and which ones cannot.

177.1 **– Todo me parece de perlas - dijo Rinconete-, y querría ser de algún provecho a tan famosa cofradía.**

– Everything seems to me to be of pearls," said Rinconete, "and I would like to be of some benefit to so famous a brotherhood.

178.1 **– Siempre favorece el cielo a los buenos deseos - dijo Monipodio.**

– Heaven always favors good wishes," said Monipodio.

179.1 **Estando en esta plática, llamaron a la puerta;**

While they were in this conversation, they knocked at the door;

179.2 **salió Monipodio a ver quién era, y, preguntándolo, respondieron:**

Monipodio came out to see who it was, and, asking, they answered:

180.1 **– Abra voacé, sor Monipodio, que el Repolido soy.**

– Abra voacé, Sister Monipodio, that I am Repolido.

181.1 **Oyó esta voz Cariharta y, alzando al cielo la suya, dijo:**

Cariharta heard this voice and, raising his voice to heaven, said:

– No le abra vuesa merced, señor Monipodio;   182.1
– Don't open up to him, Mr. Monipodio;

no le abra a ese marinero de Tarpeya,   182.2
don't open up to that sailor from Tarpeya,

a este tigre de Ocaña.   182.3
to this tiger from Ocaña.

No dejó por esto Monipodio de abrir a Repolido;   183.1
Monipodio did not cease for this reason to open to
Repolido;

pero, viendo la Cariharta que le abría, se levantó   183.2
corriendo y se entró en la sala de los broqueles, y,
cerrando tras sí la puerta, desde dentro, a grandes
voces decía:
but, seeing the Cariharta who opened to him, he got up
running and entered the room of the broqueles, and,
closing the door behind him, from inside, with loud voices
he said:

– Quítenmele de delante a ese gesto de por demás, a   184.1
ese verdugo de inocentes, asombrador de palomas
duendas.
– Get me out of the way of this gesture of excess, this
executioner of innocents, astonisher of doves.

Maniferro y Chiquiznaque tenían a Repolido,   185.1
Maniferro and Chiquiznaque had Repolido,

que en todas maneras quería entrar donde la   185.2
Cariharta estaba;
who in any case wanted to enter where Cariharta was;

185.3 **pero, como no le dejaban, decía desde afuera:**
but, as they would not let him, he said from the outside:

186.1 **– ¡No haya más, enojada mía;**
– Let there be no more, my angry one;

186.2 **por tu vida que te sosiegues,**
for your life's sake be calm,

186.3 **ansí te veas casada!**
so that you may see yourself married!

187.1 **– ¿Casada yo, malino? - respondió la Cariharta-.**
– Me, married, you idiot? - replied Cariharta-.

187.2 **¡Mirá en qué tecla toca! ¡Ya quisieras tú que lo fuera contigo,**
Look what she's playing at! You wish it were you,

187.3 **y antes lo sería yo con una sotomía de muerte que contigo!**
and I'd rather die than marry you!

188.1 **– ¡Ea, boba - replicó Repolido-, acabemos ya, que es tarde, y mire no se ensanche por verme hablar tan manso y venir tan rendido;**
– Come on, you fool," replied Repolido, "let us finish now, for it is late, and don't let me see you get so meek, and come here so surrendered;

87

porque, ¡vive el Dador!, si se me sube la cólera al
campanario, que sea peor la recaída que la caída!
Humíllese, y humillémonos todos, y no demos de
comer al diablo.

for, long live the Giver, if my anger rises to the bell tower,
may the relapse be worse than the fall! Humble yourself,
and let us all humble ourselves, and let us not feed the
devil.

– Y aun de cenar le daría yo - dijo la Cariharta-,
porque te llevase donde nunca más mis ojos te viesen.

– And I would even give him dinner," said the Cariharta,
"so that he would take you where my eyes would never see
you again.

– ¿No os digo yo? - dijo Repolido-.

– Didn't I tell you? - said Repolido-.

¡Por Dios que voy oliendo, señora trinquete, que lo
tengo de echar todo a doce, aunque nunca se venda!

By God, I can smell it, Mrs. Trinquete, I'll have to sell
everything at twelve, even if it never sells!

A esto dijo Monipodio:

To this Monipodio said:

– En mi presencia no ha de haber demasías:

– In my presence there shall be no excesses:

la Cariharta saldrá, no por amenazas, sino por amor
mío, y todo se hará bien;

the Cariharta will come out, not for threats, but for my love,
and all will be well;

192.3 que las riñas entre los que bien se quieren son causa
de mayor gusto cuando se hacen las paces.

for quarrels between those who love each other well are a
cause of greater pleasure when peace is made.

192.4 ¡Ah Juliana! ¡Ah niña! ¡Ah Cariharta mía!

Ah Juliana! Ah child! Ah my Cariharta!

192.5 Sal acá fuera por mi amor,

Come out here for my love,

192.6 que yo haré que el Repolido te pida perdón de
rodillas.

and I will make the Repolido ask your pardon on his knees.

193.1 – Como él eso haga - dijo la Escalanta-, todas seremos
en su favor y en rogar a Juliana salga acá fuera.

– If he does that," said Escalanta, "we will all be in his favor
and beg Juliana to come out here.

194.1 – Si esto ha de ir por vía de rendimiento que güela a
menoscabo de la persona - dijo el Repolido-, no me
rendiré a un ejército formado de esguízaros;

– If this is to go by way of performance that will be to the
detriment of the person," said the Repolido, "I will not
surrender to an army formed of spies;

194.2 mas si es por vía de que la Cariharta gusta dello,
no digo yo hincarme de rodillas, pero un clavo me
hincaré por la frente en su servicio.

but if it is by way that the Cariharta likes it, I do not say I
will kneel on my knees, but I will drive a nail through my
forehead in her service.

Riyéronse desto Chiquiznaque y Maniferro, de lo
cual se enojó tanto el Repolido, pensando que hacían
burla dél, que dijo con muestras de infinita cólera: 195.1

Chiquiznaque and Maniferro laughed at this, which made
Repolido so angry, thinking that they were making fun of
him, that he said with signs of infinite anger:

– Cualquiera que se riere o se pensare reír de lo que la
Cariharta, o contra mí, o yo contra ella hemos dicho o
dijéremos, digo que miente y mentirá todas las veces
que se riere, o lo pensare, como ya he dicho. 196.1

– Whoever laughs or thinks to laugh at what the Cariharta,
or against me, or I against her, have said or will say, I say
that he lies and will lie as often as he laughs, or thinks it, as
I have already said.

Miráronse Chiquiznaque y Maniferro de tan mal
garbo y talle, 197.1

Chiquiznaque and Maniferro looked at each other with
such a bad grace and manner,

que advirtió Monipodio que pararía en un gran mal si
no lo remediaba; 197.2

that Monipodio warned that he would end up in a great evil
if he did not remedy it;

y así, poniéndose luego en medio dellos, dijo: 197.3

and so, placing himself in their midst, he said:

– No pase más adelante, caballeros; 198.1

– Do not go any further, gentlemen;

cesen aquí palabras mayores, 198.2

let greater words cease here,

198.3 **y deshágADVanse entre los dientes;**

and undo yourselves between your teeth;

198.4 **y, pues las que se han dicho no llegan a la cintura, nadie las tome por sí.**

and, as those that have been said do not reach the waist, let no one take them for himself.

199.1 **– Bien seguros estamos - respondió Chiquiznaque - que no se dijeron ni dirán semejantes monitorios por nosotros;**

– We are quite sure," replied Chiquiznaque, "that no such monitors were or will be said by us;

199.2 **que, si se hubiera imaginado que se decían, en manos estaba el pandero que lo supiera bien tañer.**

that, if it had been imagined that they were said, the tambourine was in the hands of those who knew how to play it well.

200.1 **– También tenemos acá pandero, sor Chiquiznaque - replicó el Repolido-, y también, si fuere menester, sabremos tocar los cascabeles, y ya he dicho que el que se huelga, miente;**

– We also have a tambourine here, Sister Chiquiznaque," replied the Repolido, "and also, if necessary, we will know how to play the bells, and I have already said that he who strikes, lies;

200.2 **y quien otra cosa pensare, sígame, que con un palmo de espada menos hará el hombre que sea lo dicho dicho.**

and whoever thinks otherwise, follow me, for with a hand span of sword less will do what has been said.

Y, diciendo esto, se iba a salir por la puerta afuera.   201.1

And, saying this, he was going to leave by the door outside.

Estábalo escuchando la Cariharta, y, cuando sintió   201.2
que se iba enojado, salió diciendo:

The Cariharta was listening to him, and, when he felt that
he was leaving in anger, he went out saying:

– ¡Ténganle no se vaya, que hará de las suyas!   202.1

– Don't let him go, he'll do his worst!

¿No veen que va enojado,   202.2

Can't you see he's angry,

y es un Judas Macarelo en esto de la valentía?   202.3

and is a Judas Macarelo in this matter of bravery?

¡Vuelve acá, valentón del mundo y de mis ojos!   202.4

Come back here, brave man of the world and of my eyes!

Y, cerrando con él, le asió fuertemente de la capa, y,   203.1
acudiendo también Monipodio, le detuvieron.

And, closing with him, he seized him tightly by the cloak,
and, Monipodio also coming, they stopped him.

Chiquiznaque y Maniferro no sabían si   203.2
enojarse o si no,

Chiquiznaque and Maniferro did not know whether to be
angry or not,

y estuviéronse quedos esperando lo que Repolido   203.3
haría;

and they stood still waiting for what Repolido would do;

203.4 el cual, viéndose rogar de la Cariharta y de Monipodio, volvió diciendo:

who, seeing himself begged by Cariharta and Monipodio, returned saying:

204.1 – Nunca los amigos han de dar enojo a los amigos, ni hacer burla de los amigos, y más cuando veen que se enojan los amigos.

– Friends should never be angry with friends, nor make fun of friends, especially when they see their friends getting angry.

205.1 – No hay aquí amigo - respondió Maniferro - que quiera enojar ni hacer burla de otro amigo;

– There is no friend here," replied Maniferro, "who wishes to anger or make fun of another friend;

205.2 y, pues todos somos amigos, dense las manos los amigos.

and, since we are all friends, let friends shake hands.

206.1 A esto dijo Monipodio:

To this Monipodio said:

207.1 – Todos voacedes han hablado como buenos amigos,

– All voacedes have spoken as good friends,

207.2 y como tales amigos se den las manos de amigos.

and as such friends shake hands as friends.

208.1 Diéronselas luego, y la Escalanta, quitándose un chapín, comenzó a tañer en él como en un pandero;

Then the Escalanta, taking off a chapín, began to play on it as on a tambourine;

la Gananciosa tomó una escoba de palma nueva, 208.2
que allí se halló acaso, y, rascándola, hizo un son
que, aunque ronco y áspero, se concertaba con el del
chapín.

the Gananciosa took a new palm broom, which might have
been found there, and, scraping it, made a sound that,
although hoarse and rough, agreed with that of the chapín.

Monipodio rompió un plato y hizo dos tejoletas, que, 208.3
puestas entre los dedos y repicadas con gran ligereza,
llevaba el contrapunto al chapín y a la escoba.

Monipodio broke a plate and made two tejoletas, which,
placed between the fingers and played with great lightness,
carried the counterpoint to the chapín and the broom.

Espantáronse Rinconete y Cortadillo de la nueva 209.1
invención de la escoba,

Rinconete and Cortadillo were amazed at the new
invention of the broom,

porque hasta entonces nunca la habían visto. 209.2

because until then they had never seen it.

Conociólo Maniferro y díjoles: 209.3

Maniferro met him and said to them:

– ¿Admíranse de la escoba? 210.1

– Do they admire the broom?

210.2 **Pues bien hacen, pues música más presta y más sin pesadumbre, ni más barata, no se ha inventado en el mundo; y en verdad que oí decir el otro día a un estudiante que ni el Negrofeo, que sacó a la Arauz del infierno; ni el Marión, que subió sobre el delfín y salió del mar como si viniera caballero sobre una mula de alquiler; ni el otro gran músico que hizo una ciudad que tenía cien puertas y otros tantos postigos, nunca inventaron mejor género de música, tan fácil de deprender, tan mañera de tocar, tan sin trastes, clavijas ni cuerdas, y tan sin necesidad de templarse; y aun voto a tal, que dicen que la inventó un galán desta ciudad, que se pica de ser un Héctor en la música.**

Well, they do well, for there has not been invented in the world a cheaper, lighter, and easier music; and indeed I heard a student say the other day that neither the Negropheus, who brought the Arauz out of hell, nor the Marion, who climbed on the dolphin and came out of the sea as if he were a knight on a mule for hire; nor the other great musician who made a city that had a hundred doors and as many shutters, never invented a better kind of music, so easy to understand, so easy to play, so without frets, pegs or strings, and so without need of tempering; and I even vow to such, that they say it was invented by a gallant of the city, who is itching to be a Hector in music.

211.1 **– Eso creo yo muy bien - respondió Rinconete-, pero escuchemos lo que quieren cantar nuestros músicos, que parece que la Gananciosa ha escupido, señal de que quiere cantar.**

– I think so," answered Rinconete, "but let us listen to what our musicians want to sing, for it seems that La Gananciosa has spat, a sign that she wants to sing.

212.1 **Y así era la verdad,**

And so it was the truth,

porque Monipodio le había rogado que cantase
algunas seguidillas de las que se usaban;   212.2

because Monipodio had begged him to sing some of the
seguidillas that were used;

mas la que comenzó primero fue la Escalanta,   212.3

but the one that began first was the Escalanta,

y con voz sutil y quebradiza cantó lo siguiente: 212.4

and with a subtle and brittle voice he sang the following:

Por un sevillano, rufo a lo valón,	By a Sevillian, Walloon-style rufous,
tengo socarrado todo el corazón.	my whole heart is undermined.
Siguió la Gananciosa cantando:	La Gananciosa continued singing:
Por un morenico de color verde,	For a green morenico,
¿cuál es la fogosa que no se pierde?	which is the fiery one that does not get lost?

Y luego Monipodio, dándose gran priesa al meneo de
sus tejoletas, dijo: 214.1

And then Monipodio, making great haste to shake his
shuffleboard, said:

Riñen dos amantes, hácese la paz:	Two lovers quarrel, make peace:
si el enojo es grande, es el gusto más.	if the anger is great, the taste is more.

216.1 No quiso la Cariharta pasar su gusto en silencio, porque, tomando otro chapín, se metió en danza, y acompañó a las demás diciendo:

The Cariharta did not want to pass her pleasure in silence, because, taking another chapín, she got into the dance, and accompanied the others saying:

Detente, enojado, no me azotes más;	Stop, angry, don't whip me anymore;
que si bien lo miras, a tus carnes das.	that if you look at it well, you give to your flesh.

218.1 – Cántese a lo llano - dijo a esta sazón Repolido-, y no se toquen estorias pasadas, que no hay para qué:

– Let us sing plainly," said Repolido at this point, "and let us not touch past histories, for there is no point:

218.2 lo pasado sea pasado, y tómese otra vereda, y basta.

let bygones be bygones, and take another path, and that is enough.

219.1 Talle llevaban de no acabar tan presto el comenzado cántico, si no sintieran que llamaban a la puerta apriesa; y con ella salió Monipodio a ver quién era, y la centinela le dijo cómo al cabo de la calle había asomado el alcalde de la justicia, y que delante dél venían el Tordillo y el Cernícalo, corchetes neutrales.

Monipodio went out with her to see who it was, and the sentry told him how the mayor of justice had appeared at the end of the street, and that ahead of him came Tordillo and Cernícalo, neutral corchetes.

Oyéronlo los de dentro, y alborotáronse todos de
manera que la Cariharta y la Escalanta se calzaron
sus chapines al revés, dejó la escoba la Gananciosa,
Monipodio sus tejoletas, y quedó en turbado silencio
toda la música, enmudeció Chiquiznaque, pasmóse
Repolido y suspendióse Maniferro;

219.2

Those inside heard it, and they all got so excited that
Cariharta and Escalanta put on their chaps backwards,
Gananciosa left her broom, Monipodio left his
shuffleboard, and all the music was in disturbed silence,
Chiquiznaque fell silent, Repolido stunned and Maniferro
suspended;

y todos, cuál por una y cuál por otra parte,
desaparecieron, subiéndose a las azoteas y tejados,
para escaparse y pasar por ellos a otra calle.

219.3

and they all, some on one side and some on the other,
disappeared, climbing on the rooftops and roofs, to escape
and pass through them to another street.

Nunca ha disparado arcabuz a deshora, ni trueno
repentino espantó así a banda de descuidadas
palomas, como puso en alboroto y espanto a toda
aquella recogida compañía y buena gente la nueva de
la venida del alcalde de la justicia.

219.4

Never has arquebus fired at an untimely hour, nor sudden
thunder so frightened a band of careless pigeons, as the
news of the coming of the mayor of justice put the whole
company and the good people into an uproar and panic.

219.5 Los dos novicios, Rinconete y Cortadillo, no sabían qué hacerse, y estuviéronse quedos, esperando ver en qué paraba aquella repentina borrasca, que no paró en más de volver la centinela a decir que el alcalde se había pasado de largo, sin dar muestra ni resabio de mala sospecha alguna.

The two novices, Rinconete and Cortadillo, did not know what to do, and stood still, waiting to see what would become of this sudden squall, which did not stop until the sentry returned to say that the mayor had passed by, without showing any sign or trace of evil suspicion.

220.1 Y, estando diciendo esto a Monipodio, llegó un caballero mozo a la puerta, vestido, como se suele decir, de barrio;

And while he was saying this to Monipodio, a young gentleman came to the door, dressed, as they say, in the neighborhood;

220.2 Monipodio le entró consigo, y mandó llamar a Chiquiznaque, a Maniferro y al Repolido, y que de los demás no bajase alguno.

Monipodio went in with him, and ordered Chiquiznaque, Maniferro and Repolido to be called, and that none of the others should come down.

220.3 Como se habían quedado en el patio, Rinconete y Cortadillo pudieron oír toda la plática que pasó Monipodio con el caballero recién venido, el cual dijo a Monipodio que por qué se había hecho tan mal lo que le había encomendado.

As they had remained in the courtyard, Rinconete and Cortadillo were able to hear all the conversation that Monipodio had with the knight who had just come, who asked Monipodio why he had done so badly what he had entrusted to him.

Monipodio respondió que aún no sabía lo que se
había hecho;   220.4

Monipodio replied that he did not yet know what had been
done;

pero que allí estaba el oficial a cuyo cargo estaba su   220.5
negocio,

but that there was the officer in charge of his business,

y que él daría muy buena cuenta de sí.   220.6

and that he would give a very good account of himself.

Bajó en esto Chiquiznaque, y preguntóle Monipodio   221.1
si había cum-plido con la obra que se le encomendó
de la cuchillada de a catorce.

Chiquiznaque came down and asked Monipodio if he had
complied with the work that had been entrusted to him of
the fourteen-blade slashing.

– ¿Cuál? - respondió Chiquiznaque-.   222.1

– Which one? - Chiquiznaque answered-.

¿Es la de aquel mercader de la Encrucijada?   222.2

Is it the one of that merchant of the Crossroads?

– Ésa es - dijo el caballero.   223.1

– That's the one," said the gentleman.

– Pues lo que en eso pasa - respondió Chiquiznaque -   224.1
es que yo le aguardé anoche a la puerta de su casa, y él
vino antes de la oración;

– Well, what happened," answered Chiquiznaque, "is that
I waited for him last night at the door of his house, and he
came before prayer;

224.2 lleguéme cerca dél, marquéle el rostro con la vista, y vi que le tenía tan pequeño que era imposible de toda imposibilidad caber en él cuchillada de catorce puntos;

I got close to him, I marked his face with my eyes, and I saw that he was so small that it was impossible to fit a fourteen-point knife in him;

224.3 y,

and,

224.4 hallándome imposibilitado de poder cumplir lo prometido y de hacer lo que llevaba en mi destruición ...

finding myself unable to fulfill what I had promised and to do what I had in my destruction ...

225.1 – Instrucción querrá vuesa merced decir - dijo el caballero-, que no destruición.

– I am sure you mean instruction," said the gentleman, "not destruction.

226.1 – Eso quise decir - respondió Chiquiznaque-.

– That's what I meant," answered Chiquiznaque.

226.2 Digo que, viendo que en la estrecheza y poca cantidad de aquel rostro no cabían los puntos propuestos, porque no fuese mi ida en balde, di la cuchillada a un lacayo suyo, que a buen seguro que la pueden poner por mayor de marca.

I say that, seeing that in the narrowness and small amount of that face the proposed points did not fit, so that my going would not be in vain, I gave the knife to one of his lackeys, who surely can put it as a major brand.

– Más quisiera - dijo el caballero - que se la hubiera dado al amo una de a siete, que al criado la de a catorce.

227.1

– I'd rather," said the gentleman, "that he had given the master a seven-dollar bill than the servant a fourteen-dollar bill.

En efeto, conmigo no se ha cumplido como era razón, pero no importa;

227.2

In fact, with me it has not been fulfilled as it should have been, but it doesn't matter;

poca mella me harán los treinta ducados que dejé en señal.

227.3

the thirty ducats I left as a token will make little difference to me.

Beso a vuesas mercedes las manos.

227.4

I kiss your hands.

Y, diciendo esto, se quitó el sombrero y volvió las espaldas para irse;

228.1

And, saying this, he took off his hat and turned his back to leave;

pero Monipodio le asió de la capa de mezcla que traía puesta,

228.2

but Monipodio grabbed him by the mixed cloak he was wearing,

diciéndole:

228.3

saying to him:

229.1 – Voacé se detenga y cumpla su palabra, pues nosotros hemos cumplido la nuestra con mucha honra y con mucha ventaja:

– He said, "Let him stop and keep his word, for we have kept ours with much honor and with much advantage:

229.2 veinte ducados faltan, y no ha de salir de aquí voacé sin darlos, o prendas que lo valgan.

twenty ducats are missing, and he must not leave here without giving them, or pledges that are worth it.

230.1 – Pues, ¿a esto llama vuesa merced cumplimiento de palabra - respondió el caballero-: dar la cuchillada al mozo, habiéndose de dar al amo?

– Well, is this what you call keeping one's word," answered the gentleman, "giving a knife to the lad, having to give it to the master?

231.1 – ¡Qué bien está en la cuenta el señor!

– How well the gentleman is in the reckoning!

231.2 – dijo Chiquiznaque-. Bien parece que no se acuerda de aquel refrán que dice: "Quien bien quiere a Beltrán, bien quiere a su can".

– He doesn't seem to remember the saying: "He who loves Beltran well, loves his dog well. .

232.1 – ¿Pues en qué modo puede venir aquí a propósito ese refrán?

– In what way, then, can that saying come here on purpose?

232.2 – re-plicó el caballero.

– said the gentleman.

– ¿Pues no es lo mismo - prosiguió Chiquiznaque - decir: "Quien mal quiere a Beltrán, mal quiere a su can"?

233.1

– Is it not the same thing," continued Chiquiznaque, "to say, 'He who loves Beltran ill, loves his dog ill'?

Y así, Beltrán es el mercader, voacé le quiere mal, su lacayo es su can;

233.2

And so, Beltran is the merchant, voacé loves him badly, his lackey is his dog;

y dando al can se da a Beltrán,

233.3

and by giving to the dog one gives to Beltran,

y la deuda queda líquida y trae aparejada ejecución;

233.4

and the debt is liquid and brings with it execution;

por eso no hay más sino pagar luego sin apercebimiento de remate.

233.5

for that reason there is nothing else to do but to pay afterwards without the expectation of a foreclosure.

– Eso juro yo bien - añadió Monipodio-, y de la boca me quitaste, Chiquiznaque amigo, todo cuanto aquí has dicho;

234.1

– That I swear well," added Monipodio, "and you took from my mouth, my friend Chiquiznaque, all that you have said here;

y así, voacé, señor galán, no se meta en puntillos con sus servidores y amigos, sino tome mi consejo y pague luego lo trabajado;

234.2

and so, voacé, señor gallant, don't get into a quarrel with your servants and friends, but take my advice and pay for what you have worked for;

234.3 y si fuere servido que se le dé otra al amo, de la cantidad que pueda llevar su rostro, haga cuenta que ya se la están curando.

and if you will be served to give another to the master, of the amount that his face can bear, let him know that it is already being cured.

235.1 – Como eso sea - respondió el galán-, de muy entera voluntad y gana pagaré la una y la otra por entero.

– As it is," replied the gallant, "I will willingly and willingly pay the one and the other in full.

236.1 – No dude en esto - dijo Monipodio - más que en ser cristiano;

– "Do not hesitate in this," said Monipodio, "more than in being a Christian;

236.2 que Chiquiznaque se la dará pintiparada,

for Chiquiznaque will give it to you pintiparada,

236.3 de manera que parezca que allí se le nació.

so that it will seem as if it were born there.

237.1 – Pues con esa seguridad y promesa - respondió el caballero-, recíbase esta cadena en prendas de los veinte ducados atrasados y de cuarenta que ofrezco por la venidera cuchillada.

– Well, with that assurance and promise," replied the gentleman, "let this chain be received as a pledge of the twenty ducats in arrears and forty that I offer for the next cut.

Pesa mil reales, y podría ser que se quedase rematada, porque traigo entre ojos que serán menester otros catorce puntos antes de mucho.

238.2 *(237.2)*

It weighs a thousand reales, and it may be that it will be finished off, for I have it in my mind that another fourteen stitches will be needed before long.

Quitóse, en esto, una cadena de vueltas menudas del cuello y diósela a Monipodio, que al color y al peso bien vio que no era de alquimia.

238.1

He took off, at this, a chain of small turns from his neck and gave it to Monipodio, who saw by its color and weight that it was not of alchemy.

Monipodio la recibió con mucho contento y cortesía,

238.2

Monipodio received it with much contentment and courtesy,

porque era en estremo bien criado;

238.3

because he was extremely well-bred;

la ejecución quedó a cargo de Chiquiznaque,

238.4

the execution was left in charge of Chiquiznaque,

que sólo tomó término de aquella noche.

238.5

who took only the end of that night.

Fuese muy satisfecho el caballero,

238.6

The knight was very satisfied,

y luego Monipodio llamó a todos los ausentes y azorados.

238.7

and then Monipodio called all those who were absent and embarrassed.

238.8 **Bajaron todos, y, poniéndose Monipodio en medio dellos, sacó un libro de memoria que traía en la capilla de la capa y diósela a Rinconete que leyese, porque él no sabía leer.**

They all came down, and, placing himself in their midst, Monipodio took out a book of memory that he had in the chapel of his cloak and gave it to Rinconete to read, for he did not know how to read.

238.9 **Abrióle Rinconete, y en la primera hoja vio que decía:**

Rinconete opened it, and on the first page he saw that it said:

MEMORIA DE LAS CUCHILLADAS

MEMORY OF THE STAB WOUNDS

QUE SE HAN DE DAR ESTA SEMANA

TO BE GIVEN THIS WEEK

240.1 **La primera, al mercader de la encrucijada:**

The first, to the merchant at the crossroads:

240.2 **vale cincuenta escudos. Están recebidos treinta a buena cuenta.**

it is worth fifty escudos. Thirty are received on good account.

240.3 **Secutor, Chiquiznaque.**

Secutor, Chiquiznaque.

241.1 **– No creo que hay otra, hijo - dijo Monipodio-;**

– I don't think there is another one, son," said Monipodio;

241.2 **pasá adelante y mirá donde dice: MEMORIA DE PALOS.**

"go ahead and look where it says: MEMORIA DE PALOS.

Volvió la hoja Rinconete, y vio que en otra estaba escrito: 242.1

Rinconete turned the page, and saw that on another was written:

MEMORIA DE PALOS 243.1

STICK MEMORY

Y más abajo decía: 244.1

And further down it said:

Al bodegonero de la Alfalfa, 245.1

To the bodegonero de la Alfalfa,

doce palos de mayor cuantía a escudo cada uno. 245.2

twelve palos de mayor cuantía a escudo each.

Están dados a buena cuenta ocho. El término, seis días. 245.3

Eight are on good account. The term, six days.

Secutor, Maniferro. 245.4

Secutor, Maniferro.

– Bien podía borrarse esa partida - dijo Maniferro-, porque esta noche traeré finiquito della. 246.1

– That game could well be erased," said Maniferro, "because tonight I will bring it to an end.

– ¿Hay más, hijo? - dijo Monipodio. 247.1

– Is there more, son? - said Monipodio.

248.1 – Sí, otra - respondió Rinconete-, que dice así:

– Yes, another one," answered Rinconete, "which goes like this:

249.1 Al sastre corcovado que por mal nombre se llama el Silguero, seis palos de mayor cuantía, a pedimiento de la dama que dejó la gargantilla.

To the corcovado tailor who by bad name is called the Silguero, six palos of greater amount, at the request of the lady who left the choker.

249.2 Secutor, el Desmochado.

Secutor, el Desmochado.

250.1 – Maravillado estoy - dijo Monipodio - cómo todavía está esa partida en ser.

– I am marveled," said Monipodio, "how that game is still in being.

250.2 Sin duda alguna debe de estar mal dispuesto el Desmochado,

Undoubtedly the Desmochado must be badly disposed,

250.3 pues son dos días pasados del término y no ha dado puntada en esta obra.

for it is two days past the term and he has not stitched in this work.

251.1 – Yo le topé ayer - dijo Maniferro-, y me dijo que por haber estado retirado por enfermo el Corcovado no había cumplido con su débito.

– I ran into him yesterday," said Maniferro, "and he told me that because he had been retired because Corcovado was ill, he had not fulfilled his debit.

– Eso creo yo bien - dijo Monipodio-, porque tengo
por tan buen oficial al Desmochado, que, si no fuera
por tan justo impedimento, ya él hubiera dado al
cabo con mayores empresas.

252.1

– I think so," said Monipodio, "because I consider
Desmochado to be such a good officer that, if it were not
for such a just impediment, he would have already been in
greater companies.

¿Hay más, mocito?

252.2

Is there any more, little boy?

– No señor - respondió Rinconete.

253.1

– No, sir," answered Rinconete.

– Pues pasad adelante - dijo Monipodio-, y mirad
donde dice:

254.1

– Well, come forward," said Monipodio, "and look where it
says:

MEMORIAL DE AGRAVIOS COMUNES.

255.1

MEMORIAL OF COMMON TORTS.

Pasó adelante Rinconete, y en otra hoja halló escrito:

256.1

Rinconete went ahead and found written on another sheet
of paper:

MEMORIAL DE AGRAVIOS COMUNES.	MEMORIAL OF COMMON TORTS.
CONVIENE A SABER:	THESE INCLUDE:

110

REDOMAZOS, UNTOS
DE MIERA, CLAVAZÓN
DE SAMBENITOS Y
CUERNOS, MATRACAS,
ESPANTOS, ALBOROTOS Y
CUCHILLADAS FINGIDAS,
PUBLICACIÓN DE
NIBELOS, ETC.

REDOMAZOS, UNTOS
DE MIERA, NAILING
OF SAMBENITOS AND
HORNS, MATRACAS,
ESPANTOS, RIOTS AND
FEIGNED KNIFINGS,
PUBLICATION OF
NIBELOS, ETC.

258.1 – ¿Qué dice más abajo? - dijo Monipodio.
– What does it say below? - said Monipodio.

259.1 – Dice - dijo Rinconete-:
– He says," said Rinconete:

260.1 Unto de miera en la casa...
Unto of miera in the house...

261.1 – No se lea la casa, que ya yo sé dónde es - respondió
Monipodio-, y yo soy el tuáutem y esecutor desa
niñería, y están dados a buena cuenta cuatro escudos,
y el principal es ocho.
– The house is not to be read, for I know where it is," replied
Monipodio, "and I am the tuáutem and esecutor of the
childishness, and four escudos are given on good account,
and the principal is eight.

262.1 – Así es la verdad - dijo Rinconete-, que todo eso está
aquí escrito;
– So it is true," said Rinconete, "that all this is written here;

262.2 y aun más abajo dice:
and further down it says:

Clavazón de cuernos. 263.1

Horn nail.

– Tampoco se lea - dijo Monipodio - la casa, ni adónde; 264.1

– The house is not to be read either," said Monipodio, "nor
where to;

que basta que se les haga el agravio, 264.2

it is enough that the offence is done to them,

sin que se diga en público; 264.3

without it being said in public;

que es gran cargo de conciencia. 264.4

it is a great burden of conscience.

A lo menos, más querría yo clavar cien cuernos y 264.5
otros tantos sambenitos, como se me pagase mi
trabajo, que decillo sola una vez, aunque fuese a la
madre que me parió.

At least, I'd rather nail a hundred horns and as many other
sambenitos, as if I were paid for my work, than to be decillo
alone once, even if it were to the mother that bore me.

– El esecutor desto es - dijo Rinconete - el Narigueta. 265.1

– The executor of this is," said Rinconete, "the Narigueta.

– Ya está eso hecho y pagado - dijo Monipodio-. 266.1

– That's already done and paid for," said Monipodio.

Mirad si hay más, que si mal no me acuerdo, ha de 266.2
haber ahí un espanto de veinte escudos;

See if there is more, for if I remember rightly, there must
be a frightful twenty escudos there;

266.3 está dada la mitad, y el esecutor es la comunidad toda,
y el término es todo el mes en que estamos;

half of it is given, and the executor is the whole community,
and the term is the whole month we are in;

266.4 y cumpliráse al pie de la letra, sin que falte una tilde,
y será una de las mejores cosas que hayan sucedido en
esta ciudad de muchos tiempos a esta parte.

and it will be fulfilled to the letter, without missing a tittle,
and it will be one of the best things that have happened in
this city for a long time.

266.5 Dadme el libro, mancebo, que yo sé que no hay más,
y sé también que anda muy flaco el oficio; pero tras
este tiempo vendrá otro y habrá que hacer más de
lo que quisiéremos; que no se mueve la hoja sin la
voluntad de Dios, y no hemos de hacer nosotros que
se vengue nadie por fuerza; cuanto más, que cada
uno en su causa suele ser valiente y no quiere pagar
las hechuras de la obra que él se puede hacer por sus
manos.

Give me the book, young man, I know that there is no more,
and I also know that the trade is very thin; but after this
time another will come and we will have to do more than
we would like; the page does not move without the will of
God, and we must not make anyone take revenge by force,
especially since each one in his cause is usually brave and
does not want to pay for the work that he can do by his own
hands.

267.1 – Así es - dijo a esto el Repolido-.

– That's right," said the Repolido.

Pero mire vuesa merced, señor Monipodio, lo que nos ordena y manda, que se va haciendo tarde y va entrando el calor más que de paso.

But look here, Senor Monipodio, what you are ordering and commanding us, for it is getting late and the heat is coming in more than in passing.

267.2

– Lo que se ha de hacer - respondió Monipodio - es que todos se vayan a sus puestos, y nadie se mude hasta el domingo, que nos juntaremos en este mismo lugar y se repartirá todo lo que hubiere caído, sin agraviar a nadie.

– What is to be done," replied Monipodio, "is that all go to their posts, and that no one move until Sunday, when we will assemble in this same place and distribute all that has fallen, without offending anyone.

268.1

A Rinconete el Bueno y a Cortadillo se les da por distrito, hasta el domingo, desde la Torre del Oro, por defuera de la ciudad, hasta el postigo del Alcázar, donde se puede trabajar a sentadillas con sus flores;

Rinconete el Bueno and Cortadillo are given by district, until Sunday, from the Torre del Oro, outside the city, to the gate of the Alcazar, where they can work at squatting with their flowers;

268.2

que yo he visto a otros, de menos habilidad que ellos, salir cada día con más de veinte reales en menudos, amén de la plata, con una baraja sola, y ésa con cuatro naipes menos.

I have seen others, of less skill than them, go out every day with more than twenty reales in menudos, besides the silver, with a single deck of cards, and that with four cards less.

268.3

Este districto os enseñará Ganchoso;

This district will teach you Ganchoso;

268.4

114

268.5 y, aunque os estendáis hasta San Sebastián y San
Telmo, importa poco, puesto que es justicia mera
mista que nadie se entre en pertenencia de nadie.

and, even if you go as far as San Sebastián and San Telmo, it
matters little, since it is mere mistaken justice that no one
enters into anyone's property.

269.1 Besáronle la mano los dos por la merced que se
les hacía, y ofreciéronse a hacer su oficio bien y
fielmente, con toda diligencia y recato.

They both kissed his hand for the mercy done to them,
and offered to do their duty well and faithfully, with all
diligence and prudence.

270.1 Sacó, en esto, Monipodio un papel doblado de la
capilla de la capa, donde estaba la lista de los cofrades,
y dijo a Rinconete que pusiese allí su nombre y el de
Cortadillo;

At this, Monipodio took out a folded piece of paper from
the chapel of the cloak, where the list of the confreres was,
and told Rinconete to put his name and Cortadillo's name
there;

270.2 mas, porque no había tintero, le dio el papel para
que lo llevase, y en el primer boticario los escribiese,
poniendo:

but, because there was no inkwell, he gave him the paper
to carry it, and on the first apothecary he wrote them,
putting:

270.3 Rinconete y Cortadillo, cofrades: noviciado,
ninguno;

Rinconete and Cortadillo, cofrades: noviciado, ninguno;

270.4 Rinconete, floreo; Cortadillo, bajón";

Rinconete, floreo; Cortadillo, bajón";

y el día, mes y año, callando padres y patria.

and the day, month and year, silencing padres and patria.

Estando en esto,

While this was going on,

entró uno de los viejos avispones y dijo:

one of the old hornets came in and said:

– Vengo a decir a vuesas mercedes cómo agora, agora, topé en Gradas a Lobillo el de Málaga, y díceme que viene mejorado en su arte de tal manera, que con naipe limpio quitará el dinero al mismo Satanás;

– I come to tell you how now, now, I met Lobillo of Malaga in Gradas, and he tells me that he has improved in his art in such a way that with a clean card he will take the money from Satan himself;

y que por venir maltratado no viene luego a registrarse y a dar la sólita obediencia;

and that because he has been mistreated he will not come to register and give the solid obedience;

pero que el domingo será aquí sin falta.

but that on Sunday he will be here without fail.

– Siempre se me asentó a mí - dijo Monipodio - que este Lobillo había de ser único en su arte, porque tiene las mejores y más acomodadas manos para ello que se pueden desear;

– It always seemed to me," said Monipodio, "that this Lobillo must be unique in his art, because he has the best and best hands for it that could be desired;

273.2 que, para ser uno buen oficial en su oficio, tanto ha menester los buenos instrumentos con que le ejercita, como el ingenio con que le aprende.

that, to be a good officer in his trade, he needs both the good instruments with which he exercises it, and the ingenuity with which he learns it.

274.1 – También topé - dijo el viejo - en una casa de posadas, en la calle de Tintores, al Judío, en hábito de clérigo, que se ha ido a posar allí por tener noticia que dos peruleros viven en la misma casa, y querría ver si pudiese trabar juego con ellos, aunque fuese de poca cantidad, que de allí podría venir a mucha.

– I also found," said the old man, "in a house of inns, in the street of Tintores, the Jew, in the habit of a clergyman, who has gone to stay there because he has news that two peruleros live in the same house, and he would like to see if he could make a game with them, even if it was a small amount, which could come to a lot from there.

274.2 Dice también que el domingo no faltará de la junta y dará cuenta de su persona.

He also says that on Sunday he will not miss the meeting and will give an account of himself.

275.1 – Ese Judío también - dijo Monipodio - es gran sacre y tiene gran conocimiento.

– That Jew, too," said Monipodio, "is a great priest and has great knowledge.

275.2 Días ha que no le he visto, y no lo hace bien.

I have not seen him for days, and he does not do well.

275.3 Pues a fe que si no se enmienda, que yo le deshaga la corona;

Well, if he doesn't mend his ways, I'll undo his crown;

que no tiene más órdenes el ladrón que las tiene el turco, 275.4

for the thief has no more orders than the Turk has,

ni sabe más latín que mi madre. 275.5

nor does he know more Latin than my mother.

¿Hay más de nuevo? 275.6

Is there any more new?

– No - dijo el viejo-; a lo menos que yo sepa. 276.1

– No," said the old man; "at least not that I know of.

– Pues sea en buen hora - dijo Monipodio-. 277.1

– Well, good riddance," said Monipodio.

Voacedes tomen esta miseria - y repartió entre todos hasta cuarenta reales-, y el domingo no falte nadie, que no faltará nada de lo corrido. 277.2

Take this pittance," and he divided up to forty reales among them all, "and on Sunday no one will be absent, for nothing will be lacking.

Todos le volvieron las gracias. 278.1

They all thanked him again.

278.2 Tornáronse a abrazar Repolido y la Cariharta,
la Escalanta con Maniferro y la Gananciosa con
Chiquiznaque, concertando que aquella noche,
después de haber alzado de obra en la casa, se viesen
en la de la Pipota, donde también dijo que iría
Monipodio, al registro de la canasta de colar, y que
luego había de ir a cumplir y borrar la partida de la
miera.

They embraced Repolido and Cariharta, Escalanta with
Maniferro, and Gananciosa with Chiquiznaque, agreeing
that that night, after they had finished their work in the
house, they would meet at Pipota's, where he also said that
Monipodio would go to register the laundry basket, and
that he would then go to fulfill and erase the game of miera.

278.3 Abrazó a Rinconete y a Cortadillo, y, echándolos
su bendición, los despidió, encargándoles que no
tuviesen jamás posada cierta ni de asiento, porque así
convenía a la salud de todos.

He embraced Rinconete and Cortadillo, and, giving them
his blessing, bade them farewell, charging them never to
have a certain inn or a seat, because it would be good for the
health of all.

278.4 Acompañólos Ganchoso hasta enseñarles sus puestos,
acordándoles que no faltasen el domingo, porque, a
lo que creía y pensaba, Monipodio había de leer una
lición de posición acerca de las cosas concernientes a
su arte.

Ganchoso accompanied them until he showed them
to their posts, and instructed them not to be absent on
Sunday, because, as he thought and believed, Monipodio
was to read a position paper about the things concerning
his art.

Con esto, se fue, dejando a los dos compañeros admirados de lo que habían visto.   278.5

With that, he went away, leaving the two companions admiring what they had seen.

Era Rinconete, aunque muchacho, de muy buen entendimiento, y tenía un buen natural;   279.1

Rinconete, though a boy, was of very good understanding, and had a good nature;

y, como había andado con su padre en el ejercicio de las bulas, sabía algo de buen lenguaje, y dábale gran risa pensar en los vocablos que había oído a Monipodio y a los demás de su compañía y bendita comunidad, y más cuando por decir per modum sufragii había dicho per modo de naufragio;   279.2

and, as he had walked with his father in the exercise of the bulls, he knew something of good language, and it gave him great laughter to think of the words he had heard Monipodio and the others of his company and blessed community, and more when for saying per modum sufragii he had said per modo de naufragio;

y que sacaban el estupendo, por decir estipendio, de lo que se garbeaba;   279.3

and that they took the stupendous, for saying stipend, of what was garbeted;

279.4 y cuando la Cariharta dijo que era Repolido como un marinero de Tarpeya y un tigre de Ocaña, por decir Hircania, con otras mil impertinencias (especialmente le cayó en gracia cuando dijo que el trabajo que había pasado en ganar los veinte y cuatro reales lo recibiese el cielo en descuento de sus pecados) a éstas y a otras peores semejantes;

and when the Cariharta said that he was Repolido as a sailor of Tarpeya and a tiger of Ocaña, to say Hircania, with a thousand other impertinences (especially he fell in grace when he said that the work that he had spent in earning the twenty-four reales was received by heaven in discount of his sins) to these and other worse similar ones;

279.5 y, sobre todo, le admiraba la seguridad que tenían y la confianza de irse al cielo con no faltar a sus devociones, estando tan llenos de hurtos, y de homicidios y de ofensas a Dios.

And, above all, he admired the security they had and the confidence they had of going to heaven by not failing in their devotions, being so full of thefts, homicides and offenses against God.

279.6 Y reíase de la otra buena vieja de la Pipota, que dejaba la canasta de colar hurtada, guardada en su casa y se iba a poner las candelillas de cera a las imágenes, y con ello pensaba irse al cielo calzada y vestida.

And she laughed at the other good old woman of the Pipota, who left her stolen laundry basket in her house and went to put the wax candlesticks on the images, and with it she thought she would go to heaven dressed and shod.

279.7 No menos le suspendía la obediencia y respecto que todos tenían a Monipodio, siendo un hombre bárbaro, rústico y desalmado.

No less did the obedience and respect that everyone had for Monipodio, being a barbaric, rustic and heartless man, suspend her.

Consideraba lo que había leído en su libro de
memoria y los ejercicios en que todos se ocupaban.

279.8

He considered what he had read in his memory book and
the exercises in which everyone was engaged.

Finalmente, exageraba cuán descuidada justicia
había en aquella tan famosa ciudad de Sevilla, pues
casi al descubierto vivía en ella gente tan perniciosa y
tan contraria a la misma naturaleza;

279.9

Finally, he exaggerated how careless justice was in that
famous city of Seville, for almost uncovered there lived in it
people so pernicious and so contrary to nature itself;

y propuso en sí de aconsejar a su compañero no
durasen mucho en aquella vida tan perdida y tan
mala, tan inquieta, y tan libre y disoluta.

279.10

and he proposed in himself to advise his companion not to
last long in that life so lost and so bad, so restless, and so
free and dissolute.

Pero, con todo esto, llevado de sus pocos años y de
su poca experiencia, pasó con ella adelante algunos
meses, en los cuales le sucedieron cosas que piden
más luenga escritura;

279.11

But, with all this, because of his few years and his little
experience, he spent some months with her, in which
things happened to her that require more lengthy writing;

279.12 y así, se deja para otra ocasión contar su vida y milagros, con los de su maestro Monipodio, y otros sucesos de aquéllos de la infame academia, que todos serán de grande consideración y que podrán servir de ejemplo y aviso a los que las leyeren.

and so, we leave for another occasion to tell her life and miracles, with those of her teacher Monipodio, and other events of those of the infamous academy, which will all be of great consideration and that may serve as an example and warning to those who read them.

La española inglesa

The English Spanish Lady

1.1 **Entre los despojos que los ingleses llevaron de la ciudad de Cádiz,**
Among the spoils that the English took from the city of Cadiz,

1.2 **Clotaldo,**
Clotaldo,

1.3 **un caballero inglés capitán de una escuadra de navíos,**
an English knight captain of a squadron of ships,

1.4 **llevó a Londres a una niña de edad de siete años,**
took to London a girl of the age of seven years,

1.5 **poco más o menos,**
a little more or less,

1.6 **y esto contra la voluntad y sabiduría del conde de Leste,**
and this against the will and wisdom of the Count of Leste,

que con gran diligencia hizo buscar a la niña para
volvérsela a sus padres,

1.7

who with great diligence had the girl fetched her back to
her parents,

que ante él se quejaron de la falta de su hija,

1.8

who complained to him about the lack of their daughter,

pidiéndole que pues se contentaba con las haciendas,

1.9

asking him that since he was content with the estates,

y dejaba libres a las personas,

1.10

and left the people free,

no fuesen ellos tan desdichados;

1.11

they should not be so unhappy;

que ya que quedaban pobres, no quedasen sin su
hija, que era la lumbre de sus ojos y la más hermosa
criatura que había en toda la ciudad.

1.12

That since they were poor, they should not be left without
their daughter, who was the light of their eyes and the most
beautiful creature in the whole city.

Mandó el conde echar bando por toda su armada que
so pena de la vida, devolviese la niña cualquiera
que la tuviese, mas ningunas penas ni temores
fueron bastantes a que Clotaldo le obedeciese, que
la tenía escondida en su nave, aficionado, aunque
christianamente, a la incomparable hermosura de
Isabel, que así se llamaba la niña.

1.13

The count ordered to send out an order to all his army to
return the girl to anyone who had her, but no pain or fear
was enough for Clotaldo to obey him, who kept her hidden
in his ship, fond, though christianly, of the incomparable
beauty of Isabel, which was the girl's name.

1.14 Finalmente, sus padres se quedaron sin ella, tristes y desconsolados, y Clotaldo, alegre sobre modo, llegó a Londres y entregó por riquísimo despojo a su mujer a la hermosa niña.

Finally, her parents were left without her, sad and disconsolate, and Clotaldo, overjoyed, arrived in London and gave the beautiful girl to his wife for a very rich spoil.

2.1 Quiso la buena suerte que todos los de la casa de Clotaldo eran cathólicos secretos, aunque en lo público mostraban seguir la opinión de su reina.

As luck would have it, all of Clotaldo's household were secret Catholics, although in public they showed themselves to follow the opinion of their queen.

2.2 Tenía Clotaldo un hijo llamado Ricaredo, de edad de doce años, enseñado de sus padres a amar y temer a Dios, y a estar muy entero en las verdades de la fe cathólica.

Clotaldo had a son named Ricaredo, aged twelve years, taught by his parents to love and fear God, and to be very whole in the truths of the Catholic faith.

2.3 Catalina, la mujer de Clotaldo, noble christiana, y prudente señora, tomó tanto amor a Isabel, que como si fuera su hija la criaba, regalaba, e industriaba.

Catalina, Clotaldo's wife, a noble Christian and prudent lady, took so much love for Isabel, that as if she were her own daughter, she raised her, gave her, and gave her gifts and industriousness.

2.4 Y la niña era de tan buen natural, que con facilidad aprendía todo cuanto le enseñaban.

And the child was of such good nature that she easily learned everything she was taught.

Con el tiempo, y con los regalos, fue olvidando los
que sus padres verdaderos le habían hecho;

3.1

With time, and with gifts, he gradually forgot the gifts his
real parents had given him;

pero no tanto que dejase de acordarse y suspirar por
ellos muchas veces;

3.2

but not so much that he ceased to remember and sigh for
them many times;

y aunque iba aprendiendo la lengua inglesa, no
perdía la española, porque Clotaldo tenía cuidado de
traerle a casa secretamente españoles que hablasen
con ella.

3.3

and although he was learning the English language, he did
not lose the Spanish, because Clotaldo was careful to bring
him home secretly Spaniards who spoke with it.

Desta manera, sin olvidar la suya, como está dicho,
hablaba la lengua inglesa como si hubiera nacido en
Londres.

3.4

Thus, without forgetting her own, as has been said, she
spoke the English language as if she had been born in
London.

Después de haberle enseñado todas las cosas de labor,
que puede y debe saber una doncella bien nacida, la
enseñaron a leer y escribir, más que medianamente.

3.5

After having taught her all the things of labor, which a
well-born maiden can and should know, she was taught to
read and write, more than moderately.

Pero en lo que tuvo extremo fue en tañer todos los
instrumentos que a una mujer son lícitos;

3.6

But what she did excel in was to play all the instruments
that are lawful for a woman;

3.7 y esto con toda perfección de música, acompañándola con una voz que le dio el cielo, tan extremada que encantaba cuando cantaba.

and this with all perfection of music, accompanying it with a voice given her by heaven, so extreme that she enchanted when she sang.

4.1 Todas estas gracias, adqueridas y puestas sobre la natural suya, poco a poco fueron encendiendo el pecho de Ricaredo, a quien ella, como a hijo de su señor, quería y servía;

All these graces, acquired and placed on her natural, gradually inflamed the breast of Ricaredo, whom she, as the son of her master, loved and served;

4.2 al principio le salteó amor con un modo de agradarse y complacerse de ver la sin igual belleza de Isabel, y de considerar sus infinitas virtudes y gracias, amándola como si fuera su hermana, sin que sus deseos saliesen de los términos honrados y virtuosos.

at the beginning, he skipped love with a way of pleasing and pleasing himself to see the unparalleled beauty of Isabel, and to consider her infinite virtues and graces, loving her as if she were his sister, without his desires going out of the honorable and virtuous terms.

4.3 Pero como fue creciendo Isabel, que ya cuando Ricaredo ardía tenía doce años, aquella benevolencia primera, y aquella complacencia y agrado de mirarla, se volvió en ardentísimos deseos de gozarla y de poseerla;

But as Isabella grew, and when Ricaredo was already twelve years old, that first benevolence, and that complacency and pleasure in looking at her, turned into a most ardent desire to enjoy and possess her;

no porque aspirase a esto por otros medios que por los
de ser su esposo.

4.4

not because he aspired to this by other means than by those
of being her husband.

Pues de la incomparable honestidad de Isabela, (que
así la llamaban ellos) no se podía esperar otra cosa, ni
aun él quisiera esperarla, aunque pudiera, porque la
noble condición suya y la estimación en que a Isabela
tenía, no consentían que ningún mal pensamiento
echase raíces en su alma.

4.5

For from the incomparable honesty of Isabela (as they
called her) nothing else could be expected, nor could he
hope for it, even if he could, because his noble condition
and the esteem in which he held Isabela, did not allow any
evil thought to take root in his soul.

Mil veces determinó manifestar su voluntad a sus
padres, y otras tantas no aprobó su determinación,
porque él sabía que le tenían dedicado para ser
esposo de una muy rica y principal doncella escocesa,
asimismo secreta christiana como ellos;

4.6

A thousand times he determined to manifest his will to
his parents, and as many times he did not approve of their
determination, because he knew that they had dedicated
him to be the husband of a very rich and principal Scottish
maiden, also a secret Christian like them;

y estaba claro, según él decía, que no habían de
querer dar a una esclava (si este nombre se podía
dar a Isabela) lo que ya tenían concertado de dar a
una señora;

4.7

And it was clear, as he said, that they would not want to
give to a slave (if this name could be given to Isabella) what
they had already arranged to give to a mistress;

4.8 y así perplejo y pensativo, sin saber qué camino tomar para venir al fin de su buen deseo, pasaba una vida tal que le puso a punto de perderla.

and so perplexed and thoughtful, not knowing which way to go to the end of his good desire, he spent such a life that he was on the point of losing it.

4.9 Pero pareciéndole ser gran cobardía dejarse morir, sin intentar algún género de remedio a su dolencia, se animó y esforzó a declarar su intento a Isabela.

But it seemed to him to be a great cowardice to let himself die without trying some kind of remedy for his ailment, so he took courage and made an effort to declare his intention to Isabela.

5.1 Andaban todos los de casa tristes y alborotados por la enfermedad de Ricaredo, que de todos era querido, y de sus padres con el extremo posible;

Everyone in the house was sad and upset because of Ricaredo's illness, who was loved by everyone, and by his parents as much as possible;

5.2 así por no tener otro como porque lo merecía su mucha virtud, y su gran valor, y entendimiento.

both because he had no one else and because his great virtue, courage and understanding deserved it.

5.3 No le acertaban los médicos la enfermedad, ni él osaba, ni quería, descubrírsela.

The doctors did not know his illness, nor did he dare, nor did he want, to discover it.

En fin, puesto en romper por las dificultades que él   5.4
se imaginaba, un día que entró Isabela a servirle,
viéndola sola, con desmayada voz y lengua turbada,
le dijo:

In the end, having been broken by the difficulties that
he imagined, one day when Isabela came in to serve him,
seeing her alone, with a faint voice and a troubled tongue,
he said to her:

— Hermosa Isabela, tu valor, tu mucha virtud y   6.1
grande hermosura me tienen como me ves, si no
quieres que deje la vida en manos de las mayores
penas que pueden imaginarse, responda el tuyo a mi
buen deseo, que no es otro que el de recebirte por mi
esposa a hurto de mis padres, de los cuales temo que
por no conocer lo que yo conozco que mereces, me
han de negar el bien que tanto me importa.

— Beautiful Isabela, your courage, your great virtue and
great beauty have me as you see me, if you do not want me
to leave my life in the hands of the greatest pains that can
be imagined, let yours respond to my good desire, which is
none other than to receive you as my wife at the expense of
my parents, of whom I fear that because they do not know
what I know you deserve, they will deny me the good that is
so important to me.

Si me das la palabra de ser mía, yo te la doy desde   6.2
luego, como verdadero y cathólico christiano, de ser
tuyo.

If you give me your word to be mine, I give it to you of
course, as a true and catholic Christian, to be yours.

6.3 Que, puesto que no llegue a gozarte, como no llegaré, hasta que con bendición de la Iglesia y de mis padres sea, aquel imaginar que con seguridad eres mía será bastante a darme salud, y a mantenerme alegre y contento hasta que llegue el felice punto que deseo.

Since I will not be able to enjoy you, as I will not, until I am blessed by the Church and my parents, to imagine that you are surely mine will be enough to give me health, and to keep me happy and content until I reach the happy point that I desire.

7.1 En tanto que esto dijo Ricaredo, estuvo escuchándole Isabela con los ojos bajos, mostrando en aquel punto que su honestidad se igualaba a su hermosura, y a su mucha discreción su recato.

While Ricaredo said this, Isabela listened to him with her eyes lowered, showing at that point that her honesty was equal to her beauty, and her modesty to her great discretion.

7.2 Y así, viendo que Ricaredo callaba, honesta, hermosa y discreta, le respondió desta suerte:

And so, seeing that Ricaredo was silent, honest, beautiful and discreet, she answered him in this way:

8.1 — Después que quiso el rigor o la clemencia del cielo (que no sé a cuál destos extremos lo atribuya) quitarme a mis padres, señor Ricaredo, y darme a los vuestros, agradecida a las infinitas mercedes que me han hecho, determiné que jamás mi voluntad saliese de la suya;

— After the rigor or clemency of heaven (I don't know to which of these extremes I attribute it) wanted to take my parents away from me, Sir Ricaredo, and give me yours, grateful for the infinite mercies they have done me, I determined that my will should never leave theirs;

y así, sin ella, tendría no por buena, sino por mala, 8.2
fortuna la inestimable merced que queréis hacerme.

and so, without it, I would not consider the inestimable
mercy you want to do me as good, but as bad fortune.

Si con su sabiduría fuere yo tan venturosa que os 8.3
merezca, desde aquí os ofrezco la voluntad que ellos
me dieren, y en tanto que esto se dilatare, o no fuere,
entretengan vuestros deseos el saber que los míos
serán eternos y limpios, en desearos el bien que el
cielo puede daros.

If with their wisdom I am so fortunate as to merit you, I
offer you from here the will that they will give me, and as
long as this is delayed, or does not happen, let your desires
entertain the knowledge that mine will be eternal and
clean, in desiring for you the good that heaven can give you.

Aquí puso silencio Isabela a sus honestas y discretas 9.1
razones, y allí comenzó la salud de Ricaredo, y
comenzaron a revivir las esperanzas de sus padres,
que en su enfermedad muertas estaban.

Here Isabela put silence to her honest and discreet reasons,
and there began the health of Ricaredo, and began to revive
the hopes of his parents, who were dead in his illness.

Despidiéronse los dos cortésmente; él con lágrimas en 9.2
los ojos,

The two parted courteously; he with tears in his eyes,

ella con admiración en el alma de ver tan rendida a su 9.3
amor la de Ricaredo.

she with admiration in her soul to see Ricaredo so
surrendered to her love.

9.4 El cual, levantado del lecho, al parecer de sus padres por milagro, no quiso tenerles más tiempo ocultos sus pensamientos.

The latter, raised from his bed, apparently by a miracle, did not want to keep his thoughts hidden from them any longer.

9.5 Y así, un día se los manifestó a su madre, diciéndole en el fin de su plática, que fue larga, que si no le casaban con Isabela que el negársela y darle la muerte era todo una misma cosa.

And so, one day he revealed them to his mother, telling her at the end of their conversation, which was long, that if they did not marry him to Isabela, that denying her to him and giving him death were all one and the same thing.

10.1 Con tales razones, con tales encarecimientos subió al cielo las virtudes de Isabela, Ricaredo, que le pareció a su madre que Isabela era la engañada en llevar a su hijo por esposo.

With such reasons, with such praise he raised to heaven the virtues of Isabela, Ricaredo, that it seemed to his mother that Isabela was the one deceived in taking her son as her husband.

10.2 Dio buenas esperanzas a su hijo de disponer a su padre a que con gusto viniese en lo que ya ella también venía.

She gave good hopes to her son to dispose his father to gladly come in what she was already coming too.

Y así fue, que diciendo a su marido las mismas
razones que a ella había dicho su hijo, con facilidad
le movió a querer lo que tanto su hijo deseaba,
fabricando excusas que impidiesen el casamiento
que casi tenía concertado con la doncella de Escocia.

10.3

And so it was, that by telling her husband the same reasons
that her son had told her, she easily moved him to want
what her son desired so much, making excuses that would
prevent the marriage that he had almost arranged with the
maiden of Scotland.

A esta razón tenía Isabela catorce y Ricaredo veinte
años;

11.1

At this time Isabela was fourteen and Ricaredo was twenty
years old;

y en esta tan verde y tan florida edad,

11.2

and in this green and flowery age,

su mucha discreción y conocida prudencia los hacía
ancianos.

11.3

their discretion and prudence made them old.

Cuatro días faltaban, para llegarse aquel en el cual
sus padres de Ricaredo querían que su hijo inclinase
el cuello al yugo santo del matrimonio, teniéndose
por prudentes y dichosísimos de haber escogido a su
prisionera por su hija, teniendo en más la dote de sus
virtudes que la mucha riqueza que con la escocesa se
les ofrecía.

11.4

Four days remained until the day arrived when Ricaredo's
parents wanted their son to bow his neck to the holy yoke
of marriage, considering themselves prudent and very
happy to have chosen their prisoner for their daughter,
having in mind more the dowry of her virtues than the
great wealth that the Scottish woman offered them.

11.5 **Las galas estaban ya a punto, los parientes y los amigos convidados, y no faltaba otra cosa sino hacer a la reina sabidora de aquel concierto, porque sin su voluntad y consentimiento entre los de ilustre sangre no se efectúa casamiento alguno, pero no dudaron de la licencia;**

The finery was ready, the relatives and friends were invited, and nothing was lacking but to make the queen aware of the arrangement, for without her will and consent among those of illustrious blood no marriage can take place, but they did not doubt the license;

11.6 **y así, se detuvieron en pedirla.**

and so they stopped to ask for it.

11.7 **Digo pues, que estando todo en este estado, cuando faltaban los cuatro días hasta el de la boda, una tarde turbó su regocijo un ministro de la reina que dio un recaudo a Clotaldo que su majestad mandaba que otro día por la mañana llevasen a su presencia a su prisionera, la española de Cádiz.**

I say then, that everything being in this state, when the four days were missing until the wedding, one afternoon a minister of the queen disturbed their joy that gave a message to Clotaldo that her majesty commanded that another day in the morning they should bring to her presence her prisoner, the Spaniard of Cadiz.

11.8 **Respondióle Clotaldo, que de muy buena gana haría lo que su majestad le mandaba.**

Clotaldo replied that he would gladly do what her majesty ordered.

11.9 **Fuese el ministro, y dejó llenos los pechos de todos de turbación, de sobresalto y miedo.**

The minister went, and left everyone's chests full of confusion, shock and fear.

— ¡Ay — decía la señora Catalina — , si sabe la reina   12.1
que yo he criado a esta niña a la cathólica, y de
aquí viene a inferir que todos los desta casa somos
christianos!

— Oh, " said the lady Catalina, "if the queen knows that I
have raised this child in the Catholic way, and from this she
comes to infer that all of us in this house are Christians!

pues si la reina le pregunta, qué es lo que ha   12.2
aprendido en ocho años que hace que es prisionera,
¿qué ha de responder la cuitada que no nos condene,
por más discreción que tenga?

For if the queen asks her what she has learned in the
eight years she has been a prisoner, what will the cuitada
answer that she will not condemn us, no matter how much
discretion she may have?

Oyendo lo cual Isabela, le dijo: 13.1

Hearing which Isabela, said to him:

— No le dé pena alguna, señora mía, ese temor, que   14.1
yo confío en el cielo que me ha de dar palabras en
aquel instante, por su divina misericordia, que no
sólo no os condenen, sino que redunden en provecho
vuestro.

— I trust in heaven to give me words at that moment,
through his divine mercy, that will not only not condemn
you, but that will redound to your advantage.

Temblaba Ricaredo,   15.1

Ricaredo trembled,

casi como adivino de algún mal suceso.   15.2

almost as if he could foresee some bad event.

15.3 Clotaldo buscaba modos que pudiesen dar ánimo a su mucho temor y no los hallaba, sino en la mucha confianza que en Dios tenía, y en la prudencia de Isabela, a quien encomendó mucho, que por todas las vías que pudiese, excusase de condenallos por cathólicos, que puesto que estaban promptos con el espíritu a recebir martirio, toda vía la carne enferma rehusaba su amarga carrera.

Clotaldo was looking for ways that could give courage to his great fear, and he found them only in the great confidence he had in God, and in the prudence of Isabela, to whom he entrusted much, that in every way she could, she would excuse them from condemning them as Catholics, because since they were ready with the spirit to receive martyrdom, every way the sick flesh refused their bitter career.

15.4 Una y muchas veces le aseguró Isabela estuviesen seguros que por su causa no sucedería lo que temían y sospechaban porque, aunque ella entonces no sabía lo que había de responder a las preguntas que en tal caso le hiciesen, tenía tan viva y cierta esperanza que había de responder de modo que, como otra vez había dicho, sus respuestas les sirviesen de abono.

Once and many times Isabella assured them to be sure that because of her what they feared and suspected would not happen because, although she did not know then what she would answer to the questions they would ask her in such a case, she had such a lively and certain hope that she would answer in such a way that, as she had said before, her answers would serve them as a credit.

Discurrieron aquella noche en muchas cosas, 16.1
especialmente en que si la reina supiera que eran
cathólicos, no les enviara recaudo tan manso, por
donde se podía inferir que sólo querría ver a Isabela,
cuya sin igual hermosura y habilidades habría
llegado a sus oídos, como a todos los de la ciudad.

They discussed many things that night, especially that
if the queen knew that they were Catholics, she would
not send them such a meek guard, from which it could be
inferred that she would only want to see Isabella, whose
unparalleled beauty and abilities would have reached her
ears, as well as all those of the city.

Pero ya en no habérsela presentado se hallaban 16.2
culpados;

But already in not having presented her to him they were
guilty;

de la cual culpa hallaron sería bien disculparse, 16.3
con decir que desde el punto que entró en su poder,
la escogieron y señalaron para esposa de su hijo
Ricaredo.

of which guilt they found it would be well to excuse
themselves, with saying that from the point that she came
into their power, they chose her and designated her for the
wife of their son Ricaredo.

Pero también en esto se culpaban por haber hecho el 16.4
casamiento sin licencia de la reina,

But in this they also blamed themselves for having made
the marriage without the queen's license,

aunque esta culpa no les pareció digna de gran 16.5
castigo.

although this fault did not seem to them worthy of great
punishment.

16.6 Con esto, se consolaron, y acordaron que Isabela no fuese vestida humildemente como prisionera, sino como esposa, pues ya lo era de tan principal esposo como su hijo.

With this, they consoled themselves, and agreed that Isabela should not be dressed humbly as a prisoner, but as a wife, since she was already the wife of such a principal husband as her son.

17.1 Resueltos en esto, otro día vistieron a Isabela a la española, con una saya entera de raso verde acuchillada y forrada en rica tela de oro, tomadas las cuchilladas con unas eses de perlas, y toda ella bordada de riquísimas perlas;

Resolved in this, another day they dressed Isabela in the Spanish style, with a full sackcloth of green satin slashed and lined with rich gold cloth, the slashes with pearls, and all of it embroidered with very rich pearls;

17.2 collar y cintura de diamantes, y con abanico, a modo de las señoras damas españolas.

necklace and waist of diamonds, and with a fan, in the manner of the Spanish ladies.

17.3 Sus mismos cabellos, que eran muchos, rubios y largos, entretejidos y sembrados de diamantes y perlas, le servían de tocado.

Her own hair, which was long and blonde, interwoven and strewn with diamonds and pearls, served as a headdress.

Con este adorno riquísimo, y con su gallarda   17.4
disposición y milagrosa belleza, se mostró aquel
día a Londres sobre una hermosa carroza, llevando
colgados de su vista las almas y los ojos de cuantos la
miraban.

With this very rich adornment, and with her gallant
disposition and miraculous beauty, she appeared that
day in London on a beautiful carriage, carrying the souls
and eyes of all who looked at her.

Iban con ella Clotaldo y su mujer, y Ricaredo, en la   17.5
carroza, y a caballo muchos ilustres parientes suyos.

With her were Clotaldo and his wife, and Ricaredo, in the
carriage, and on horseback many illustrious relatives of
hers.

Toda esta honra quiso hacer Clotaldo a su prisionera,   17.6

Clotaldo wanted to do all this honor to his prisoner,

por obligar a la reina la tratase como a esposa de su   17.7
hijo.

to force the queen to treat her as the wife of his son.

Llegados pues a palacio, y a una gran sala donde   18.1
la reina estaba, entró por ella Isabela, dando de
sí la más hermosa muestra que pudo caber en una
imaginación.

When they reached the palace, and came to a large room
where the queen was, Isabella entered it, giving of herself
the most beautiful display that could be imagined.

Era la sala grande y espaciosa,   18.2

It was a large and spacious room,

18.3   y a dos pasos se quedó el acompañamiento y se
adelantó Isabela;

and two steps away the escort stayed and Isabella went
forward;

18.4   y como quedó sola, pareció lo mismo que parece la
estrella, o exalación, que por la región del fuego en
serena y sosegada noche, suele moverse, o bien ansí
como rayo del sol, que al salir del día, por entre dos
montañas se descubre.

and as she was left alone, it seemed the same as the star,
or exaltation, which in the region of fire in the calm and
quiet night, usually moves, or as a ray of the sun, which at
daybreak, between two mountains is discovered.

18.5   Todo esto pareció, y aun cometa, que pronosticó el
incendio de más de un alma de los que allí estaban, a
quien amor abrasó con los rayos de los hermosos soles
de Isabela.

All this seemed, and even comet, which predicted the
burning of more than one soul of those who were there,
whom love scorched with the rays of the beautiful suns of
Isabela.

18.6   La cual llena de humildad y cortesía, se fue a poner de
hinojos ante la reina y, en lengua inglesa, le dijo:

She, full of humility and courtesy, went to kneel before the
queen and, in the English language, said to her:

19.1   — Dé, vuestra majestad, las manos a esta su sierva,
que desde hoy más se tendrá por señora, pues ha
sido tan venturosa que ha llegado a ver la grandeza
vuestra.

— Give, your majesty, your hands to this your servant, who
from this day forward will be considered your mistress,
for she has been so fortunate that she has come to see your
greatness.

Estúvola la reina mirando por un buen espacio sin   20.1
hablarle palabra, pareciéndole, como después dijo
a su camarera, que tenía delante un cielo estrellado,
cuyas estrellas eran las muchas perlas y diamantes
que Isabela traía;

The queen stared at her for a long time without speaking
a word, and it seemed to her, as she later told her
chambermaid, that she had before her a starry sky, whose
stars were the many pearls and diamonds that Isabela
brought with her;

su bello rostro y sus ojos el sol y la luna,   20.2

her beautiful face and her eyes were the sun and the moon,

y toda ella una nueva maravilla de hermosura.   20.3

and all of her a new marvel of beauty.

Las damas que estaban con la reina, quisieran hacerse   20.4
todas ojos, porque no les quedase cosa por mirar en
Isabela.

The ladies who were with the queen, all wanted to make
eyes, because there was nothing left for them to look at
Isabela.

Cuál acababa la viveza de sus ojos, cuál la color del   20.5
rostro, cuál la gallardía del cuerpo, y cuál la dulzura
de la habla.

What was the liveliness of her eyes, what the color of
her face, what the gallantry of her body, and what the
sweetness of her speech.

Y tal hubo, que de pura envidia, dijo: 20.6

And there was such, that out of pure envy, she said:

— Buena es la española, pero no me contenta el traje.   21.1

— The Spanish woman is good, but I'm not happy with the
suit.

22.1 **Después que pasó algún tanto la suspensión de la reina,**

After the queen's suspension had passed for some time,

22.2 **haciendo levantar a Isabela le dijo:**

she made Isabela stand up and told her:

23.1 **— Habladme en español, doncella, que yo le entiendo bien, y gustaré dello.**

— Speak to me in Spanish, maiden, for I understand it well, and I shall enjoy it.

23.2 **— Y volviéndose a Clotaldo dijo — : Clotaldo, agravio me habéis hecho en tenerme este tesoro tantos años hace encubierto, mas él es tal que os haya movido a codicia.**

— And turning to Clotaldo, she said, "Clotaldo, you have wronged me by keeping this treasure from me so many years ago, but it is such as has moved you to covet it.

23.3 **Obligado estáis a restituírmele, porque de derecho es mío.**

You are obliged to restore it to me, for it is mine by right.

— Señora — respondió Clotaldo — , mucha verdad   24.1
es lo que v. majestad dice; confieso mi culpa, si lo
es haber guardado este tesoro a que estuviese en la
perfección que convenía, para aparecer ante los ojos
de V. M., y aora que lo está, pensaba traerle mejorado,
pidiendo licencia a V. M. para que Isabela fuese
esposa de mi hijo Ricaredo, y daros, alta majestad,
en los dos todo cuanto puedo daros.

— Madam," replied Clotaldo, "what your Majesty says
is very true; I confess my fault, if it is to have kept this
treasure until it was in the perfection it should be, to
appear in the eyes of your Majesty, and now that it is, I
was thinking of bringing you an improvement, asking your
Majesty's permission for Isabela to be the wife of my son
Ricaredo, and to give you, your High Majesty, in both of
them all that I can give you. .

— Hasta el nombre me contenta — respondió la   25.1
reina — ;

— Even the name satisfied me," replied the queen;

no le faltaba más, sino llamarse Isabela la española,   25.2
para que no me quedase nada de perfección que
desear en ella.

"she needed nothing more than to be called Isabella the
Spaniard, so that I should have nothing of perfection to
wish for in her.

Pero advertid, Clotaldo, que sé que sin mi licencia la   25.3
teníades prometida a vuestro hijo.

But be warned, Clotaldo, that I know that without my
permission you had her betrothed to your son.

26.1 — Así es verdad, señora — respondió Clotaldo — ,
pero fue en confianza, que los muchos y relevados
servicios, que yo y mis pasados tenemos hechos a
esta corona, alcanzarían de V. M. otras mercedes más
dificultosas que las desta licencia, cuanto más, que
aún no está desposado mi hijo.

— So it is true, madam," Clotaldo replied, "but it was in
confidence that the many and relieved services that I and
my ancestors have done for this crown would obtain from
Your Majesty other mercies more difficult than this license,
especially since my son is not yet betrothed.

27.1 — Ni lo estará — dijo la reina — con Isabela, hasta que
por sí mismo lo merezca.

— Nor will he be," said the queen, "with Isabella, until he
deserves it for himself.

27.2 Quiero decir, que no quiero que para esto le
aprovechen vuestros servicios, ni los de sus pasados,
él por sí mismo se ha de disponer a servirme y a
merecer por sí esta prenda, que ya la estimo como
si fuese mi hija.

I mean, I do not want your services to be of any use to him
for this, nor those of his past; he must of his own accord be
ready to serve me and to deserve this pledge for himself, for
I already esteem her as if she were my daughter.

28.1 Apenas oyó esta última palabra Isabela, cuando se
volvió a hincar de rodillas ante la reina, diciéndole en
lengua castellana:

Hardly had Isabela heard this last word, when she knelt
down again before the queen, saying to her in the Castilian
language:

— Las desgracias que tales descuentos traen, 29.1
serenísima señora, antes se han de tener por dichas
que por desventuras.
— The misfortunes that such discounts bring, most serene
lady, should rather be considered as happiness than
misfortunes.

Ya V. M. me ha dado nombre de hija; 29.2
Your Majesty has already given me the name of daughter;

sobre tal prenda ¿qué males podré temer, o qué 29.3
bienes no podré esperar?
on such a pledge, what evils can I fear, or what good can I
not hope for?

Con tanta gracia y donaire decía cuanto decía Isabela, 30.1
que la reina se le aficionó en extremo, y mandó que se
quedase en su servicio.
With so much grace and gracefulness she said whatever
Isabela said, that the queen was extremely fond of her, and
ordered her to remain in her service.

Y se la entregó a una gran señora, su camarera mayor, 30.2
para que la enseñase el modo de vivir suyo.
And she gave her to a great lady, her chief chambermaid, to
teach her her way of life.

Ricaredo, que se vio quitar la vida, en quitarle a 30.3
Isabela, estuvo a pique de perder el juicio;
Ricaredo, who saw his life taken away, in taking Isabela
from him, was on the verge of losing his wits;

y así, temblando y con sobresalto, se fue a poner de 30.4
rodillas ante la reina, a quien dijo:
and so, trembling and startled, he went to kneel before the
queen, to whom he said:

31.1 — Para servir yo a v.

— To serve your v.

31.2 majestad no es menester incitarme con otros premios
que con aquellos que mis padres y mis pasados han
alcanzado por haber servido a sus reyes.

Majesty, it is not necessary to incite me with other rewards
than those that my fathers and my ancestors have achieved
for having served their kings.

31.3 Pero, pues v.

But, since your v.

31.4 majestad gusta que yo la sirva con nuevos deseos y
pretensiones,

Majesty likes me to serve you with new desires and
pretensions,

31.5 querría saber en qué modo y en qué ejercicio podré
mostrar que cumplo con la obligación en que v.
majestad me pone.

I would like to know in what way and in what exercise I
can show that I fulfill the obligation in which your Majesty
places me. .

32.1 — Dos navíos — respondió la reina — están para
partirse en corso, de los cuales he hecho general al
barón de Lansac.

— Two ships," replied the queen, "are ready to leave for
privateering, of which I have made the Baron de Lansac
general.

32.2 Del uno dellos os hago a vos capitán,

Of one of them I make you captain,

porque la sangre de donde venís me asegura que ha de
suplir la falta de vuestros años. 32.3

because the blood from whence you come assures me that it
will make up for the lack of your years.

Y advertid a la merced que os hago, pues os doy
ocasión en ella a que correspondiendo a quien sois,
sirviendo a vuestra reina, mostréis el valor de vuestro
ingenio y de vuestra persona, y alcancéis el mejor
premio que a mi parecer vos mismo podéis acertar a
desearos. 32.4

And be aware of the mercy I am doing you, for I am giving
you the opportunity in it to show the value of your wit and
your person, and to achieve the best reward that in my
opinion you yourself can manage to desire.

Yo misma os seré guarda de Isabela, 32.5

I myself will be Isabela's guardian,

aunque ella da muestras que su honestidad será su
más verdadera guarda. 32.6

although she shows that her honesty will be her truest
guardian.

¡Id con Dios! 32.7

Go with God!

que, pues vais enamorado, como imagino, grandes
cosas me prometo de vuestras hazañas. 32.8

since you are in love, as I imagine, I promise myself great
things from your exploits.

32.9 Felice fuera el rey batallador que tuviera en su ejército diez mil soldados amantes que esperaran que el premio de sus victorias había de ser gozar de sus amadas.

Happy were the fighting king that he had in his army ten thousand loving soldiers who hoped that the reward of his victories would be to enjoy his beloved.

32.10 Levantaos, Ricaredo, y mirad si tenéis o queréis decir algo a Isabela, porque mañana ha de ser vuestra partida.

Arise, Ricaredo, and see if you have or want to say anything to Isabela, because tomorrow is your departure.

33.1 Besó las manos a la reina, estimando en mucho la merced que le hacía, y luego se fue a hincar de rodillas ante Isabela, y queriéndola hablar, no pudo porque se le puso un nudo en la garganta que le ató la lengua y las lágrimas acudieron a los ojos, y él acudió a disimularlas lo más que le fue posible;

He kissed the queen's hands, greatly esteeming the mercy she was doing him, and then went to kneel before Isabela, and wanting to speak, he could not because a knot was put in his throat that tied his tongue and tears came to his eyes, and he went to hide them as much as possible;

33.2 pero con todo esto, no se pudieron encubrir a los ojos de la reina, pues dijo:

but with all this, they could not be concealed in the eyes of the queen, for he said:

— No os afrentéis, Ricaredo, de llorar, ni os tengáis   34.1
en menos por haber dado en este trance tan tiernas
muestras de vuestro corazón, que una cosa es pelear
con los enemigos y otra despedirse de quien bien se
quiere.

— Do not be ashamed, Ricaredo, to weep, nor think less
of yourselves for having given such tender proofs of your
heart in this trance, for it is one thing to fight with enemies
and another to bid farewell to one who is dear to one's
heart.

Abrazad, Isabela, a Ricaredo y dadle vuestra   34.2
bendición, que bien lo merece su sentimiento.

Hug Ricaredo, Isabela, and give him your blessing, for his
feelings deserve it.

Isabela, que estaba suspensa y atónita de ver la   35.1
humildad y dolor de Ricaredo, que como a su esposo
le amaba, no entendió lo que la reina le mandaba,
antes comenzó a derramar lágrimas, tan sin pensar
lo que hacía, y tan sesga y tan sin movimiento alguno
que no parecía, sino que lloraba una estatua de
alabastro.

Isabella, who was suspended and astonished to see the
humility and pain of Ricaredo, who loved her husband, did
not understand what the queen commanded her, but began
to shed tears, so without thinking what she was doing, and
so slanting and so without any movement that it did not
seem, but that an alabaster statue was weeping.

35.2 Estos afectos de los dos amantes, tan tiernos y tan enamorados, hicieron verter lágrimas a muchos de los circunstantes, y sin hablar más palabra Ricaredo, y sin le haber hablado alguna a Isabela, haciendo Clotaldo, y los que con él venían, reverencia a la reina, se salieron de la sala llenos de compasión, de despecho, y de lágrimas.

These affections of the two lovers, so tender and so much in love, caused many of the bystanders to shed tears, and without speaking another word Ricaredo, and without having spoken to Isabela, Clotaldo, and those who came with him, bowed to the queen, left the room full of compassion, spite, and tears.

36.1 Quedó Isabela como huérfana que acaba de enterrar sus padres y con temor que la nueva señora quisiese que mudase de costumbres en que la primera la había criado.

Isabela was left as an orphan who had just buried her parents and feared that the new mistress wanted her to change the habits in which the first had raised her.

36.2 En fin, se quedó, y de allí a dos días Ricaredo se hizo a la vela, combatido, entre otros muchos, de dos pensamientos que le tenían fuera de sí.

In the end, she stayed, and two days later Ricaredo set sail, combated, among many others, by two thoughts that had him beside himself.

36.3 Era el uno considerar que le convenía hacer hazañas que le hiciesen merecedor de Isabela,

The first was to consider that he should do exploits that would make him worthy of Isabella,

y el otro que no podía hacer ninguna si había de
responder a su cathólico intento que le impedía no
desenvainar la espada contra cathólicos;

36.4

and the other that he could not do any if he had to respond
to his Catholic intent that prevented him from not drawing
his sword against Catholics;

y si no la desembainaba había de ser notado de
christiano, o de cobarde, y todo esto redundaba en
perjuicio de su vida y en obstáculo de su pretensión.

36.5

and if he did not draw it he would be known as a Christian,
or a coward, and all this was to the detriment of his life and
an obstacle to his claim.

Pero, en fin determinó posponer al gusto de
enamorado el que tenía de ser cathólico, y en su
corazón pedía al cielo le deparase ocasiones donde,
con ser valiente, cumpliese con ser christiano,
dejando a su reina satisfecha, y a Isabela merecida.

36.6

But, in the end, he determined to postpone to the pleasure
of being in love the one he had of being a Catholic, and in
his heart he asked heaven to give him occasions where,
being brave, he would fulfill being a Christian, leaving his
queen satisfied, and Isabela deserved.

Seis días navegaron los dos navíos con próspero
viento, siguiendo la derrota de las islas Terceras,
paraje donde nunca faltan o naves portuguesas de
las Indias Orientales o algunas derrotadas de las
Occidentales.

37.1

Six days the two ships sailed with a prosperous wind,
following the route of the Terceras Islands, a place where
Portuguese ships from the East Indies or some defeated
ships from the West Indies are never lacking.

37.2 Y al cabo de los seis días, les dio de costado un recísimo viento, que en el mar Océano tiene otro nombre que en el Mediterráneo donde se llama

And at the end of six days, a very strong wind blew them sideways, which in the Ocean Sea has another name than in the Mediterranean where it is called

37.3 «Mediodía».

"Mediodía".

37.4 El cual viento fue tan durable y tan recio que, sin dejarles tomar las islas, les fue forzoso correr a España;

Which wind was so strong and so strong that, without letting them take the islands, they were forced to run to Spain;

37.5 y junto a su costa, a la boca del estrecho de Gibraltar, descubrieron tres navíos:

and near its coast, at the mouth of the Strait of Gibraltar, they discovered three ships:

37.6 uno poderoso y grande y los dos pequeños.

a large and powerful one and two small ones.

37.7 Arribó la nave de Ricaredo a su capitán para saber de su general si quería embestir a los tres navíos que se descubrían.

Ricaredo's ship arrived to its captain to find out from his general if he wanted to ram the three ships that were discovered.

37.8 Y antes que a ella llegase,

And before he reached her,

37.9 vio poner sobre la gavia mayor un estandarte negro.

he saw a black banner placed on the main topsail.

Y llegándose más cerca, oyó que tocaban en la nave 37.10
clarines y trompetas roncas, señales claras o que el
general era muerto o alguna otra principal persona
de la nave.

And as he drew nearer, he heard clarions and hoarse
trumpets blowing on the ship, clear signs that either the
general was dead or some other principal person on the
ship.

Con este sobresalto llegaron a poderse hablar, 38.1

With this shock they were able to talk to each other,

que no lo habían hecho después que salieron del 38.2
puerto.

which they had not been able to do after they left the port.

Dieron voces de la nave capitana, 38.3

They called out from the captain's ship,

diciendo que el capitán Ricaredo pasase a ella porque 38.4
el general la noche antes había muerto de una
apoplejía.

saying that Captain Ricaredo should go over to her because
the general had died of apoplexy the night before.

Todos se entristecieron sino fue Ricaredo, que le 38.5
alegró;

All were saddened, except Ricaredo, who rejoiced;

no por el daño de su general, sino por ver que 38.6
quedaba él libre para mandar en los dos navíos, que
así fue la orden de la reina, que faltando el general, lo
fuese Ricaredo.

not for the harm of his general, but to see that he was
free to command the two ships, which was the order of
the queen, that the general being absent, Ricaredo was to
command.

38.7 El cual con presteza se pasó a la capitana,

He quickly went to the captain,

38.8 donde halló que unos lloraban por el general muerto y otros se alegraban con el vivo.

where he found that some were weeping for the dead general and others were rejoicing for the living one.

38.9 Finalmente, los unos y los otros le dieron luego la obediencia, y le aclamaron por su general con breves ceremonias;

Finally, the one and the other immediately gave him obedience, and acclaimed him as their general with brief ceremonies;

38.10 no dando lugar a otra cosa dos de los tres navíos que habían descubierto.

not giving place to anything else two of the three ships that had discovered.

38.11 Los cuales, desviándose del grande, a las dos naves se venían.

These, turning away from the big one, came to the two ships.

39.1 Luego conocieron ser galeras, y turquescas, por las medias lunas que en las banderas traían, de que recibió gran gusto Ricaredo, pareciéndole que aquella presa, si el cielo se la concediese, sería de consideración, sin haber ofendido a ningún cathólico.

Then they knew to be galleys, and Turquoise, by the crescent moons that were on the flags, which Ricaredo received great pleasure, it seemed to him that that prey, if heaven granted it to him, would be of consideration, without having offended any Catholic.

Las dos galeras turquescas llegaron a reconocer los 39.2
navíos ingleses, los cuales no traían insignias de
Inglaterra, sino de España, por desmentir a quien
llegase a reconocellos, y no los tuviese por navíos de
corsarios.

The two Turkish galleys came to recognize the English
ships, which did not bear the insignia of England, but of
Spain, to disprove anyone who came to recognize them,
and not have them for corsair ships.

Creyeron los turcos ser naves derrotadas de las 39.3
Indias,

The Turks believed that they were defeated ships from the
Indies,

y que con facilidad las rendirían. 39.4

and that they would easily surrender them.

Fuéronse entrando poco a poco, y de industria los 39.5
dejó llegar Ricaredo, hasta tenerlos a gusto de su
artillería, la cual mandó disparar a tan buen tiempo
que con cinco balas dio en la mitad de una de las
galeras con tanta furia que la abrió por medio toda.

They went in little by little, and Ricaredo let them arrive
with industry, until he had them at ease with his artillery,
which he ordered to fire at such a good time that with five
bullets he hit half of one of the galleys with such fury that
he opened it in the middle.

Dio luego a la banda y comenzó a irse a pique, 39.6

It then hit the side and began to sink,

sin poderse remediar. 39.7

without being able to remedy it.

39.8 La otra galera, viendo tan mal suceso, con mucha priesa le dio cabo y le llevó a poner debajo del costado del gran navío.

The other galley, seeing such bad luck, with great haste gave him a line and took him to put him under the side of the great ship.

39.9 Pero Ricaredo, que tenía los suyos prestos y ligeros, y que salían y entraban como si tuvieran remos, mandando cargar de nuevo toda la artillería, los fue siguiendo hasta la nave, lloviendo sobre ellos infinidad de balas.

But Ricaredo, who had his men ready and light, and who went in and out as if they had oars, commanding the whole artillery to be reloaded, followed them to the ship, raining an infinity of bullets on them.

40.1 Los de la galera abierta, así como llegaron a la nave, la desampararon, y con priesa y celeridad procuraban acogerse a la nave.

Those of the open galley, as soon as they reached the ship, deserted her, and with haste and speed they sought to take hold of the ship.

40.2 Lo cual visto por Ricaredo, y que la galera sana se ocupaba con la rendida, cargó sobre ella con sus dos navíos, y sin dejarla rodear, ni valerse de los remos, la puso en estrecho;

Which seen by Ricaredo, and that the healthy galley was occupied with the surrendered one, he charged upon her with his two ships, and without letting her go around, nor availing himself of the oars, he put her in strait;

que los turcos se aprovecharon ansimismo del refugio   40.3
de acogerse a la nave, no para defenderse en ella, sino
para escapar las vidas por entonces.

that the Turks took advantage also of the refuge of taking
refuge in the ship, not to defend themselves in her, but to
escape the lives for the time.

Los christianos, de quien venían armadas las galeras,   41.1
arrancando las branzas y rompiendo las cadenas,
mezclados con los turcos, también se acogieron a la
nave.

The Christians, with whom the galleys were armed, tearing
off the gills and breaking the chains, mixed with the Turks,
also joined the ship.

Y como iban subiendo por su costado, con la   41.2
arcabucería de los navíos, los iban tirando como a
blanco;

And as they were coming up on their side, with the artillery
of the ships, they were thrown as if they were targets;

a los turcos no más, que a los christianos mandó   41.3
Ricaredo que nadie los tirase.

the Turks no more, than the Christians, Ricaredo ordered
that no one should throw them.

Desta manera casi todos los más turcos fueron   41.4
muertos, y los que en la nave entraron por
los christianos que con ellos se mezclaron,
aprovechándose de sus mismas armas, fueron hechos
pedazos;

In this way almost all the Turks were killed, and those who
entered the ship by the Christians who were mixed with
them, taking advantage of their own weapons, were torn to
pieces;

41.5 que la fuerza de los valientes, cuando caen, se pasa a la flaqueza de los que se levantan.

that the strength of the brave, when they fall, passes to the weakness of those who rise.

41.6 Y así, con el calor que les daba a los christianos pensó que los navíos ingleses eran españoles, hicieron por su libertad maravillas.

And so, with the heat that gave the Christians thought that the English ships were Spanish, they did wonders for their freedom.

42.1 Finalmente, habiendo muerto casi todos los turcos, algunos españoles se pusieron a borde del navío, y a grandes voces llamaron a los que pensaban ser españoles que entrasen a gozar el premio del vencimiento.

Finally, having killed almost all the Turks, some Spaniards stood on the edge of the ship, and with loud voices called to those who thought they were Spaniards to enter to enjoy the prize of victory.

42.2 Preguntóles Ricaredo en español que qué navío era aquél.

Ricaredo asked them in Spanish what ship it was.

42.3 Respondiéronle que era una nave que venía de la India de Portugal, cargada de especería, y con tantas perlas y diamantes que valía más de un millón de oro, y que con tormenta había arribado a aquella parte, toda destruida y sin artillería por haberla echado a la mar;

They answered him that it was a ship that came from India from Portugal, laden with spices, and with so many pearls and diamonds that it was worth more than a million gold, and that with a storm it had arrived in that part, all destroyed and without artillery for having thrown it into the sea;

la gente enferma y casi muerta de sed y de hambre; 42.4

the people were sick and almost dead of thirst and hunger;

y que aquellas dos galeras, que eran del corsario 42.5
Arnautemamí, el día antes la habían rendido, sin
haberse puesto en defensa.

and that those two galleys, which were of the corsair
Arnautemamí, the day before had surrendered it, without
having put up a defense.

Y que, a lo que habían oído decir, por no poder pasar 42.6
tanta riqueza a sus dos bajeles, le llevaban a jorro
para meterla en el río de Larache, que estaba allí
cerca.

And that, to what they had heard, for not being able to pass
so much wealth to his two ships, they were taking her by jet
to put her in the river of Larache, which was near there.

Ricaredo les respondió que si ellos pensaban que 42.7
aquellos dos navíos eran españoles,

Ricaredo answered them that if they thought those two
vessels were Spanish,

se engañaban; 42.8

they were deceived;

que no eran sino de la señora reina de Inglaterra, 42.9
cuya nueva dio que pensar y que temer a los que la
oyeron, pensando, como era razón que pensasen, que
de un lazo habían caído en otro.

that they belonged only to the lady queen of England,
whose news gave those who heard it food for thought and
fear, thinking, as it was right for them to think, that from
one snare they had fallen into another.

Pero Ricaredo les dijo que no temiesen algún daño, 42.10

But Ricaredo told them not to fear any harm,

42.11 y que estuviesen ciertos de su libertad con tal que no se pusiesen en defensa.

and to be sure of their liberty provided they did not put themselves in defense.

43.1 — Ni es posible ponernos en ella — respondieron — , porque, como se ha dicho, este navío no tiene artillería, ni nosotros armas;

— It is not possible to put us in it," they replied, "because, as has been said, this ship has no artillery, nor have we any guns;

43.2 así que, nos es forzoso acudir a la gentileza, y liberalidad de vuestro general.

so we are obliged to have recourse to the kindness and liberality of your general.

43.3 Pues será justo que quien nos ha librado del insufrible cautiverio de los turcos, lleve adelante tan gran merced y beneficio, pues le podrá hacer famoso en todas las partes, que serán infinitas, donde llegare la nueva desta memorable victoria y de su liberalidad, más de nosotros esperada que temida.

For it will be just that he who has delivered us from the insufferable captivity of the Turks, should carry forward so great a mercy and benefit, since it will make him famous in all the places, which will be infinite, where the news of this memorable victory and of his liberality, more expected than feared by us, will reach.

44.1 No le precieron mal a Ricaredo las razones del español.

Ricaredo was not displeased with the Spaniard's reasons.

Y llamando a consejo a los de su navío, les preguntó 44.2
cómo haría para enviar a todos los christianos a
España sin ponerse a peligro de algún siniestro
suceso, si el ser tantos les daba ánimo para
levantarse.

And calling for advice to those of his ship, he asked them
how he would send all the Christians to Spain without
putting himself in danger of some sinister event, if being so
many gave them courage to stand up.

Pareceres hubo que los hiciese pasar uno a uno a 44.3
su navío, y así como fuesen entrando, debajo de
cubierta, matarle;

There were opinions that he should make them pass one by
one to his ship, and as they entered, below deck, kill him;

y desta manera, matarlos a todos y llevar la gran nave 44.4
a Londres sin temor ni cuidado alguno.

and thus kill them all and take the great ship to London
without any fear or care.

A eso respondió Ricaredo: 45.1

To this Ricaredo responded:

— Pues que Dios nos ha hecho tan gran merced, en 46.1
darnos tanta riqueza, no quiero corresponderle con
ánimo cruel y desagradecido, ni es bien que lo que
puedo remediar con la industria, lo remedie con la
espada.

— Since God has done us such a great mercy in giving us so
much wealth, I do not want to reciprocate with a cruel and
ungrateful spirit, nor is it good that what I can remedy with
industry, I remedy with the sword.

Y así, 46.2

And so,

46.3 soy de parecer que ningún christiano cathólico muera;

I am of the opinion that no Catholic Christian should die;

46.4 no porque los quiero bien, sino porque me quiero a mí muy bien, y querría que esta hazaña de hoy, ni a mí, ni a vosotros, que en ella me habéis sido compañeros, nos diese mezclado con el nombre de valientes, el renombre de crueles;

not because I love them well, but because I love myself very well, and I would not want this feat of today, neither to me, nor to you, who have been my companions in it, to give us mixed with the name of brave, the name of cruel;

46.5 porque nunca dijo bien la crueldad con la valentía.

because cruelty never said well with bravery.

46.6 Lo que se ha de hacer es que toda la artillería de un navío destos se ha de pasar a la gran nave portuguesa, sin dejar en el navío otras armas, ni otra cosa más del bastimento;

What is to be done is that all the artillery of one of these ships is to be transferred to the great Portuguese vessel, without leaving any other weapons or other supplies on the ship;

46.7 y no alejando la nave de nuestra gente la llevaremos a Inglaterra, y los españoles se irán a España.

and not taking the ship away from our people, we will take it to England, and the Spaniards will go to Spain.

47.1 Nadie osó contradecir lo que Ricaredo había propuesto;

No one dared to contradict what Ricaredo had proposed;

47.2 y algunos le tuvieron por valiente y magnánimo,

and some considered him brave and magnanimous,

y de buen entendimiento;   47.3
and of good understanding;

otros le juzgaron en sus corazones por más cathólico   47.4
que debía.
others judged him in their hearts to be more catholic than
he should be.

Resuelto, pues, en esto, Ricaredo pasó con cincuenta   48.1
arcabuceros a la nave portuguesa, todos en alerta, y
con las cuerdas encendidas.
Resolved, therefore, in this, Ricaredo passed with fifty
arquebusiers to the Portuguese ship, all on the alert, and
with the ropes on.

Halló en la nave casi trescientas personas de las que   48.2
habían escapado de las galeras.
He found on the ship nearly three hundred of those who
had escaped from the galleys.

Pidió luego el registro de la nave, y respondióle aquel   48.3
mismo que desde el borde le habló la vez primera que
el registro le había tomado el corsario de los bajeles,
que con ellos se había ahogado.
He then asked for a search of the ship, and was answered
by the same man who had spoken to him from the edge the
first time that the search had been taken by the corsair of
the ships, who had drowned with them.

49.1 **Al instante, puso el torno en orden y, acostando su segundo bajel a la gran nave, con maravillosa presteza y con fuerza de fortísimos cabrestrantes, pasaron la artillería del pequeño bajel a la mayor nave.**

Immediately, he put the winch in order and, laying down his second ship to the great ship, with marvelous alacrity and with the force of very strong winches, they passed the artillery from the small ship to the great ship.

49.2 **Luego, haciendo una breve plática a los christianos, les mandó pasar al bajel desembarazado, donde hallaron bastimento en abundancia, para más de un mes y para más gente.**

Then, making a brief talk to the Christians, he ordered them to pass to the unembarked vessel, where they found abundant provisions for more than a month and for more people.

49.3 **Y así, como se iban embarcando, dio a cada uno cuatro escudos de oro españoles que hizo traer de su navío, para remediar en parte su necesidad cuando llegasen a tierra, que estaba tan cerca que las altas montañas de Abila y Calpe desde allí se parecían.**

And so, as they were embarking, he gave each one four Spanish gold escudos that he had them bring from his ship, to remedy in part their need when they reached land, which was so close that the high mountains of Abila and Calpe looked like from there.

50.1 **Todos le dieron infinitas gracias, por la merced que les hacía.**

They all gave him infinite thanks for the mercy he had done them.

Y el último que se iba a embarcar, fue aquel que por   50.2
los demás había hablado, el cual le dijo:

And the last one who was about to embark, was the one
who had spoken for the others, who said to him:

— Por más ventura tuviera, valeroso caballero, que   51.1
me llevaras contigo a Inglaterra, que no me enviaras
a España;

— It would be more fortunate for me, brave knight, if you
were to take me with you to England than if you were not to
send me to Spain;

porque aunque es mi patria, y no habrá sino seis días   51.2
que della partí, no he de hallar en ella otra cosa que
no sea de ocasiones de tristezas y soledades mías.

for although it is my country, and I have only left it six days
ago, I shall find nothing there but occasions of sadness and
loneliness for myself.

Sabrás, señor, que en la pérdida de Cádiz, que sucedió   51.3
habrá quince años, perdí una hija que los ingleses
debieron de llevar a Inglaterra, y con ella perdí el
descanso de mi vejez y la luz de mis ojos;

You know, sir, that in the loss of Cadiz, which happened
fifteen years ago, I lost a daughter whom the English must
have taken to England, and with her I lost the rest of my old
age and the light of my eyes;

que después que no la vieron nunca han visto cosa   51.4
que de su gusto sea.

for after they have not seen her they have never seen
anything to their liking.

51.5 El grave descontento en que me dejó su pérdida, y la
de la hacienda, que también me faltó, me pusieron
de manera que ni más quise, ni más pude, ejercitar la
mercancía, cuyo trato me había puesto en opinión de
ser el más rico mercader de toda la ciudad.

The serious discontent in which her loss left me, and that
of the estate, which I also lacked, put me in such a way
that I no longer wanted, nor was I able, to exercise the
merchandise, whose treatment had put me in the opinion
of being the richest merchant in the whole city.

51.6 Y así era la verdad, pues fuera del crédito que pasaba
de muchos centenares de millares de escudos, valía
mi hacienda, dentro de las puertas de mi casa más de
cincuenta mil ducados, todo lo perdí, y no hubiera
perdido nada como no hubiera perdido a mi hija.

And so it was true, for apart from the credit which exceeded
many hundreds of thousands of escudos, my estate, within
the gates of my house, was worth more than fifty thousand
ducats, I lost everything, and I would have lost nothing if I
had not lost my daughter.

51.7 Tras esta general desgracia, y tan particular mía,
acudió la necesidad a fatigarme, hasta tanto que no
pudiéndola resistir, mi mujer y yo, que es aquella
triste que allí está sentada, determinamos irnos a las
Indias, común refugio de los pobres generosos.

After this general misfortune, and so particular to me,
necessity came to wear me down, so much so that, unable
to resist it, my wife and I, who is the sad one sitting there,
determined to go to the Indies, the common refuge of the
generous poor.

Y habiéndonos embarcado en un navío de aviso seis
días hace, a la salida de Cádiz, dieron con el navío
estos dos bajeles de corsarios y nos cautivaron;

51.8

And having embarked on a ship of warning six days ago, on
leaving Cadiz, these two corsair ships came upon the vessel
and captivated us;

donde se renovó nuestra desgracia y se confirmó
nuestra desventura;

51.9

where our misfortune was renewed and our misfortune
confirmed;

y fuera mayor, si los corsarios no hubieran tomado
aquella nave portuguesa que los entretuvo, hasta
haber sucedido lo que él había visto.

51.10

and it would have been greater, if the corsairs had not
taken that Portuguese ship that held them, until what he
had seen had happened.

Preguntóle Ricaredo, cómo se llamaba su hija.

52.1

Ricaredo asked him what his daughter's name was.

Respondióle, que Isabel.

52.2

He answered that her name was Isabella.

Con esto, acabó de confirmarse Ricaredo en lo que ya
había sospechado, que era que el que se lo contaba era
el padre de su querida Isabela.

52.3

With this, Ricaredo confirmed what he had already
suspected, which was that the one who told him was the
father of his beloved Isabela.

52.4 **Y sin darle algunas nuevas della, le dijo que de muy buena gana llevaría a él y a su mujer a Londres, donde podría ser que hallasen nuevas de la que deseaban.**

And without giving him any more news, he told him that he would gladly take him and his wife to London, where they might find news of the one they desired.

53.1 **Hízolos pasar luego a su capitana;**

He then made them pass to his captain;

53.2 **poniendo marineros y guardas bastantes en la nao portuguesa.**

putting enough sailors and guards on the Portuguese ship.

53.3 **Aquella noche alzaron velas y se dieron priesa a apartarse de las costas de España porque el navío de los cautivos libres ...entre los cuales también iban hasta veinte turcos, a quien también Ricaredo dio libertad, por mostrar que más por su buena condición y generoso ánimo se mostraba liberal que por forzarle amor que a los cathólicos tuviese.**

That night they hoisted sail and hurried away from the coasts of Spain because the ship of the free captives ...among whom were also up to twenty Turks, to whom Ricaredo also gave freedom, to show that more for his good condition and generous spirit he was liberal than to force him to love the Catholics.

53.4 **Rogó a los españoles que en la primera ocasión que se ofreciese diesen entera libertad a los turcos,**

He begged the Spaniards that on the first occasion that offered to give full freedom to the Turks,

53.5 **que ansimismo se le mostraron agradecidos.**

who also showed their gratitude.

El viento, que daba señales de ser próspero y largo,   54.1
comenzó a calmar un tanto, cuya calma levantó gran
tormenta de temor en los ingleses que culpaban a
Ricaredo y a su liberalidad, diciéndole que los libres
podían dar aviso en España de aquel suceso;

The wind, which gave signs of being prosperous and
long, began to calm somewhat, whose calm raised a great
storm of fear in the English, who blamed Ricaredo and his
liberality, telling him that the free men could give notice in
Spain of that event;

y que si a caso había galeones de armada en el puerto,   54.2
podían salir en su busca y ponerlos en aprieto, y en
término de perderse.

and that if there were any galleons of the navy in the port,
they could go out in search of them and put them in trouble,
and in danger of being lost.

Bien conocía Ricaredo que tenían razón;   54.3

Ricaredo knew well that they were right;

pero venciéndolos a todos con buenas razones, los   54.4
sosegó.

but he overcame them all with good reasons, and calmed
them.

Pero más los quietó el viento, que volvió a refrescar   54.5
de modo que, dándole todas las velas, sin tener
necesidad de amainallas, ni aun de templallas, dentro
de nueve días se hallaron a la vista de Londres, y
cuando en él, victoriosos volvieron, habría treinta
días que dél faltaban.

But the wind calmed them more, which refreshed them
again, so that, giving them all sail, without the need of
dampening or even tempering, within nine days they were
in sight of London, and when they returned victorious,
there would be thirty days to go.

55.1 **No quiso Ricaredo entrar en el puerto con muestras de alegría,**
Ricaredo did not want to enter the port with signs of joy,

55.2 **por la muerte de su general; y así,**
for the death of his general; and so,

55.3 **mezcló las señales alegres con las triste;**
he mixed the joyful signs with the sad ones;

55.4 **unas veces sonaban clarines regocijados,**
sometimes clarions sounded rejoicing,

55.5 **otras trompetas roncas;**
other times hoarse trumpets;

55.6 **unas tocaban los atambores alegres y sobresaltadas armas,**
Sometimes the drums sounded joyful and startled arms,

55.7 **a quien con señas tristes y lamentables respondían los pífaros;**
to whom the fifes answered with sad and lamentable signals;

55.8 **de una gavia colgaba, puesta al revés, una bandera de medias lunas sembrada, en otra se veía un luengo estandarte de tafetán negro, cuyas puntas besaban el agua.**
from one topsail hung, turned upside down, a flag of sown crescents, on another a long black taffeta banner, whose tips kissed the water.

Finalmente, con estos tan contrarios extremos, entró 55.9
en el río de Londres con su navío, porque la nave no
tuvo fondo en él que la sufriese;

Finally, with such contrary extremes, he entered the river
of London with his vessel, for the ship had no bottom in it
to suffer it;

y así, se quedó en la mar a lo largo. 55.10

and so he remained at sea at length.

Estas tan contrarias muestras y señales tenían 56.1
suspenso el infinito pueblo que desde la ribera les
miraba.

These contrary signs and signals kept the infinite people
who watched them from the shore in suspense.

Bien conocieron por algunas insignias que aquel 56.2
navío menor era la capitana del barón de Lansac, mas
no podían alcanzar, cómo el otro navío se hubiese
cambiado con aquella poderosa nave que en la mar se
quedaba.

They knew well by some insignia that that smaller ship was
the captain of the Baron de Lansac, but they could not see
how the other ship had changed with that powerful vessel
that remained at sea.

56.3 Pero sacólos desta duda el haber saltado en el esquife, armado de todas armas, ricas y resplandecientes, el valeroso Ricaredo, que, a pie, sin esperar otro acompañamiento que aquel de un innumerable vulgo que le seguía, se fue a palacio;

But they were relieved of this doubt by the fact that the valiant Ricaredo jumped into the skiff, armed with all weapons, rich and resplendent, and on foot, expecting no other accompaniment than that of an innumerable multitude that followed him, he went to the palace, where the queen, standing in some corridors, was already waiting for the news of the ships to be brought to her;

56.4 donde ya la reina, puesta a unos corredores, estaba esperando le trujesen la nueva de los navíos, estaba con la reina con las otras damas Isabela, vestida a la inglesa, y parecía también como a la castellana.

she was with the queen and the other ladies Isabela, dressed in English style, and she also seemed to be dressed in Castilian style.

56.5 Antes que Ricaredo llegase, llegó otro que dio las nuevas a la reina, de cómo Ricaredo venía.

Before Ricaredo arrived, another arrived who gave the queen the news of how Ricaredo was coming.

56.6 Alborozóse Isabela, oyendo el nombre de Ricaredo, y en aquel instante temió y esperó malos y buenos sucesos de su venida.

Isabela rejoiced, hearing the name of Ricaredo, and at that moment she feared and hoped for bad and good things from his coming.

57.1 Era Ricaredo alto de cuerpo, gentilhombre y bien proporcionado.

Ricaredo was tall of body, gentlemanly and well proportioned.

Y, como venía armado de peto, espaldar, gola y
brazaletes, y escarcelas, con unas armas milanesas de
once vistas, grabadas y doradas, parecía en extremo
bien a cuantos le miraban.

57.2

And, as he was armed with breastplate, backplate, ruff and
bracers, and scarcelas, with eleven-sided Milanese arms,
engraved and gilded, he looked extremely well to all who
looked at him.

No le cubría la cabeza morrión alguno, sino un
sombrero de gran falda de color leonado con mucha
diversidad de plumas terciadas a la valona, la espada
ancha, los tiros ricos, las calzas a la esguízara.

57.3

His head was not covered by a morillon, but by a hat with a
large tawny-colored skirt with a great variety of feathers, a
broad sword, richly decorated with richly decorated straps,
and spaghetti-strapped breeches.

Con este adorno, y con el paso brioso que llevaba,
algunos hubo que le compararon a Marte, dios de las
batallas;

57.4

With this adornment, and with the spirited step that he
carried, some compared him to Mars, god of battles;

y otros, llevados de la hermosura de su rostro, dicen
que le compararon a Venus, que para hacer alguna
burla a Marte, de aquel modo se había disfrazado.

57.5

and others, carried away by the beauty of his face, say that
they compared him to Venus, who, to make a mockery of
Mars, had disguised herself in that way.

En fin, él llegó ante la reina; puesto de rodillas,

57.6

Finally, he arrived before the queen; kneeling down,

le dijo:

57.7

he said to her:

58.1 — Alta majestad, en fuerza de vuestra ventura, y en consecución de mi deseo, después de haber muerto de una apoplejía el general de Lansac, quedando yo en su lugar, merced a la liberalidad vuestra, me deparó la suerte dos galeras turquescas que llevaban remolcando aquella gran nave que allí se parece.

— High majesty, by force of your good fortune, and in pursuit of my desire, after the general de Lansac had died of apoplexy, and I was left in his place, thanks to your liberality, luck gave me two Turkish galleys that were towing that great ship that looks like it is there.

58.2 Acometíla; pelearon vuestros soldados, como siempre;

I took her in; your soldiers fought, as always;

58.3 echáronse a fondo los bajeles de los corsarios.

the corsairs' ships were thrown to the bottom.

58.4 En el uno de los nuestros,

In the one of ours,

58.5 en vuestro real nombre di libertad a los christianos que del poder de los turcos escaparon.

in your royal name I gave freedom to the Christians who escaped from the power of the Turks.

58.6 Sólo truje conmigo a un hombre y a una mujer españoles,

I only brought with me a Spanish man and a Spanish woman,

58.7 que por su gusto quisieron venir a ver la grandeza vuestra.

who for their pleasure wanted to come to see your greatness.

Aquella nave es de las que vienen de la India de   58.8
Portugal.

That ship is one of those that come from India from
Portugal.

La cual por tormenta vino a dar en poder de los   58.9
turcos, que con poco trabajo, o por mejor decir,
sin ninguno la rindieron y, según dijeron algunos
portugueses de los que en ella venían, pasa de
un millón de oro el valor de la especería y otras
mercancías de perlas y diamantes que en ella vienen.

Which by storm came into the power of the Turks, who
with little work, or rather, without any, surrendered it
and, according to what some Portuguese said of those who
came on it, the value of the spices and other merchandise of
pearls and diamonds that came on it is more than a million
gold.

A ninguna cosa se ha tocado, ni los turcos habían   58.10
llegado a ella, porque todo lo dedicó el cielo, y yo lo
mandé guardar, para vuestra majestad, que con una
joya sola que se me dé, quedaré en deuda de otras diez
naves;

Nothing has been touched, nor have the Turks come to it,
because everything was dedicated by heaven, and I ordered
it to be kept, for your majesty, that with a single jewel that
is given to me, I will be indebted for another ten ships;

la cual joya ya vuestra majestad me la tiene   58.11
prometida,

which jewel your majesty has already promised me,

que es a mi buena Isabela.   58.12

which is to my good Isabela.

58.13 Con ella quedaré rico y premiado, no sólo deste servicio, cual él se sea, que a vuestra majestad he hecho, sino de otros muchos que pienso hacer por pagar alguna parte del todo, casi infinito, que en esta joya vuestra majestad me ofrece.

With it I shall be rich and rewarded, not only for this service, such as it is, that I have done for your majesty, but also for many others that I intend to do to pay some part of the whole, almost infinite, that your majesty offers me in this jewel.

59.1 — Levantaos, Ricaredo — respondió la reina — , y creedme, que si por precio os hubiera de dar a Isabela, según yo la estimo, no la pudiérades pagar ni con lo que trae esa nave, ni con lo que quede en las Indias.

— Rise, Ricaredo," replied the queen, "and believe me, that if I were to give you Isabela for a price, as I esteem her, you could not pay her either with what that ship brings, or with what is left in the Indies.

59.2 Dóyosla, porque os la prometí, y porque ella es digna de vos, y vos lo sois della.

Give her to you, because I promised her to you, and because she is worthy of you, and you are worthy of her.

59.3 Vuestro valor sólo la merece.

Your courage alone deserves it.

59.4 Si vos habéis guardado las joyas de la nave para mí,

If you have kept the jewels of the ship for me,

59.5 yo os he guardado la joya vuestra para vos;

I have kept your jewel for you;

y aunque os parezca que no hago mucho en volveros 59.6
lo que es vuestro, yo sé que os hago mucha merced en
ello, que las prendas que se compran a deseos y tienen
su estimación en el alma del comprador, aquello
valen;

and although it may seem to you that I am not doing much
to return to you what is yours, I know that I am doing you
much mercy in it, because the garments that are bought
with desires and have their value in the soul of the buyer,
are worth that much;

que vale una alma, 59.7

what a soul is worth,

que no hay precio en la tierra con que aprecialla. 59.8

there is no price on earth with which to appreciate it.

Isabela es vuestra. Veisla allí. 59.9

Isabela is yours. Go there.

Cuando quisiéredes, podéis tomar su entera posesión, 59.10
y creo será con su gusto, porque es discreta y sabrá
ponderar la amistad que le hacéis, que no la quiero
llamar meced, sino amistad, porque me quiero
alzar con el nombre de que yo sola puedo hacerle
mercedes.

When you wish, you can take her entire possession, and I
believe it will be with her pleasure, because she is discreet
and will know how to ponder the friendship that you make
her, which I do not want to call her a friend, but friendship,
because I want to raise myself with the name that I alone
can do her mercies.

Idos a descansar y venidme a ver mañana, que quiero 59.11
más particularmente oír vuestras hazañas.

Go and rest, and come and see me tomorrow, for I want
more particularly to hear of your exploits.

59.12 Y traedme esos dos que decís, que de su voluntad han querido venir a verme, que se lo quiero agradecer.

And bring me those two that you say, who of their own free will have wanted to come to see me, for I want to thank them.

60.1 Besóle las manos Ricaredo por las muchas mercedes que le hacía.

Ricaredo kissed her hands for the many mercies she had bestowed upon him.

60.2 Entróse la reina en una sala, y las damas rodearon a Ricaredo;

The queen entered a room, and the ladies surrounded Ricaredo;

60.3 y una dellas, que había tomado grande amistad con Isabela, llamada la señora Tansi, tenida por la más discreta, desenvuelta y graciosa de todas, dijo a Ricaredo:

and one of them, who had become great friends with Isabela, called the lady Tansi, considered the most discreet, easygoing and gracious of all, said to Ricaredo:

61.1 — ¡Qué es esto! señor Ricaredo ¿qué armas son éstas?

— What is this! Senor Ricaredo, what weapons are these?

61.2 ¿pensábades por ventura que veníades a pelear con vuestros enemigos?

Did you think by any chance that you were coming to fight your enemies?

Pues en verdad que aquí todas somos vuestras amigas, 61.3
si no es la señora Isabela que, como española, está
obligada a no teneros buena voluntad.

For truly we are all your friends here, if it is not the lady
Isabela, who, as a Spaniard, is obliged to bear you no good
will.

— Acuérdese ella, señora Tansi, de tenerme alguna, 62.1
que como yo esté en su memoria — dijo Ricaredo —
, yo sé que la voluntad será buena, pues no puede
caber en su mucho valor y entendimiento, y rara
hermosura, la fealdad de ser desagradecida.

— Remember, Mrs. Tansi, to have me, for as I am in her
memory," said Ricaredo, "I know that the will will will be
good, for there can be no room in her great courage and
understanding, and rare beauty, for the ugliness of being
ungrateful.

A lo cual respondió Isabela: 63.1

To which Isabela replied:

— Señor Ricaredo, pues he de ser vuestra, a vos está 64.1
tomar de mí toda la satisfacción que quisiéredes para
recompensaros de las alabanzas que me habéis dado y
de las mercedes que pensáis hacerme.

— Lord Ricaredo, since I am to be yours, it is up to you
to take from me all the satisfaction you wish to reward
yourself for the praises you have given me and the mercies
you intend to bestow on me.

65.1 **Estas y otras honestas razones pasó Ricaredo con Isabela y con las damas, entre las cuales había una doncella de pequeña edad, la cual no hizo sino mirar a Ricaredo mientras allí estuvo.**

These and other honest reasons Ricaredo spent with Isabela and the ladies, among whom there was a young maiden, who did nothing but look at Ricaredo while he was there.

65.2 **Alzábale las escarcelas por ver qué traía debajo dellas;**

She lifted up his sculls to see what he had under them;

65.3 **tentábale la espada;**

she tempted him with her sword;

65.4 **y con simplicidad de niña, quería que las armas le sirviesen de espejo, llegándose a mirar de muy cerca en ellas;**

and with the simplicity of a child, she wanted the weapons to serve as a mirror, even looking very closely at them;

65.5 **y cuando se hubo ido, volviéndose a las damas, dijo:**

and when he had gone away, turning to the ladies, she said:

66.1 **— Ahora, señoras, yo imagino que debe de ser cosa hermosísima la guerra, pues aun entre mujeres parecen bien los hombres armados.**

— Now, ladies, I imagine that war must be a very beautiful thing, because even among women, armed men look good.

67.1 **— Y ¡cómo si parece! — respondió la señora Tansi.**

— And it sure looks like it! — replied Mrs. Tansi.

67.2 **Si no, mirad a Ricaredo, que no parece sino que el sol se ha bajado a la tierra.**

If not, look at Ricaredo, who only looks as if the sun had gone down to earth.

¿Y en aquel hábito va caminando por la calle? 67.3

And in that habit is he walking down the street?

Rieron todas del dicho de la doncella y de la 68.1
disparatada semejanza de Tansi.

They all laughed at the maiden's words and at Tansi's absurd resemblance.

Y no faltaron murmuradores, 68.2

And there was no lack of grumblers,

que tuvieron por impertinencia el haber venido 68.3
armado Ricaredo a palacio;

who considered it impertinent that Ricaredo had come armed to the palace;

puesto que halló disculpa en otros, que dijeron 68.4
que, como soldado, lo pudo hacer, para mostrar su
gallarda bizarría.

since he found an excuse in others, who said that, as a soldier, he could do it, to show his gallant bizarreness.

Fue Ricaredo de sus padres, amigos, parientes 68.5
y conocidas con muestras de entrañable amor
recebido.

Ricaredo was received by his parents, friends, relatives and acquaintances with tokens of affectionate love.

Aquella noche se hicieron generales alegrías en 68.6
Londres por su buen suceso.

That night there were general rejoicings in London for his good success.

Ya los padres de Isabela estaban en casa de Clotaldo, 69.1

Isabela's parents were already at Clotaldo's house,

69.2 a quien Ricaredo había dicho quién eran;

whom Ricaredo had told who they were;

69.3 pero que no les diesen nueva ninguna de Isabela
hasta que él mismo se la diese.

but they were not to give them any news of Isabela until he
himself gave it to them.

69.4 Este aviso tuvo la señora Catalina, su madre, y todos
los criados y criadas de su casa.

This notice was given to Catalina, his mother, and to all the
servants and maids of her house.

69.5 Aquella misma noche, con muchos bajeles, lanchas
y barcos, y con no menos ojos que lo miraban, se
comenzó a descargar la gran nave; que en ocho días
no acabó de dar la mucha pimienta y otras riquísimas
mercaderías que en su vientre encerradas tenía.

That same night, with many boats, boats and ships, and
with no less eyes watching him, the great ship began to
unload, which in eight days did not finish giving the much
pepper and other very rich merchandise that was enclosed
in her belly.

70.1 El día que siguió a esta noche, fue Ricaredo a palacio,
llevando consigo al padre y madre de Isabela,
vestidos de nuevo a la inglesa, diciéndoles que la
reina quería verlos.

The day that followed that night, Ricaredo went to the
palace, taking with him Isabela's father and mother,
dressed again in the English style, telling them that the
queen wanted to see them.

Llegaron todos donde la reina estaba en medio de sus 70.2
damas, esperando a Ricaredo, a quien quiso lisonjear
y favorecer, con tener junto a sí a Isabela, vestida
con aquel mismo vestido que llevó la vez primera,
mostrándose no menos hermosa ahora que entonces.
They all arrived where the queen was in the midst of her
ladies, waiting for Ricaredo, whom she wished to flatter
and favor by having Isabela with her, dressed in the same
dress she wore the first time, looking no less beautiful now
than then.

Los padres de Isabela quedaron admirados y 70.3
suspensos, de ver tanta grandeza y bizarría junta.
Isabela's parents were astonished and amazed to see so
much grandeur and bizarreness together.

Pusieron los ojos en Isabela y no la conocieron, 70.4
aunque el corazón, presagio del bien que tan cerca
tenían, les comenzó a saltar en el pecho, no con
sobresalto que les entristeciese, sino con un no sé
qué de gusto, que ellos no acertaban a entendelle.
They set their eyes on Isabela and did not know her,
although the heart, presage of the good that was so close to
them, began to leap in their chests, not with a shock that
saddened them, but with a kind of pleasure that they could
not understand.

No consintió la reina, que Ricaredo estuviese de 70.5
rodillas ante ella; antes le hizo levantar y sentar en
una silla rasa, que para sólo esto allí puesta tenían,
inusitada merced para la altiva condición de la reina.
The queen did not allow Ricaredo to kneel before her, but
made him rise and sit on a low chair, which they had placed
there for this purpose alone, an unusual mercy for the
queen's haughty condition.

Y alguno dijo a otro: 70.6
And someone said to another:

71.1 — Ricaredo no se sienta hoy sobre la silla que le han dado,
— Ricaredo does not sit today on the chair he was given,

71.2 sino sobre la pimienta que él trujo.
but on the pepper he brought.

72.1 Otro acudió, y dijo:
Another attended, and said:

73.1 — Ahora se verifica lo que comúnmente se dice,
— Now it is verified what is commonly said,

73.2 que dádivas quebrantan peñas.
that gifts break rocks.

73.3 Pues las que ha traído Ricaredo han ablandado el duro corazón de nuestra reina.
For those that Ricaredo has brought have softened the hard heart of our queen.

74.1 Otro acudió, y dijo:
Another attended, and said:

75.1 — Ahora que está tan bien ensillado,
— Now that he is so well saddled,

75.2 más de dos se atreverán a correrle.
more than two will dare to run him.

En efecto, de aquella nueva honra que la reina hizo
a Ricaredo, tomó ocasión la envidia para nacer en
muchos pechos de aquellos que mirándole estaban.

76.1

Indeed, from that new honor that the queen did Ricaredo,
envy took occasion to be born in many breasts of those who
were watching him.

Porque no hay merced que el príncipe haga a su
privado, que no sea una lanza que atraviesa el
corazón del envidioso.

76.2

For there is no mercy that the prince does to his private
that is not a lance that pierces the heart of the envious.

Quiso la reina saber de Ricaredo menudamente,

76.3

The queen wanted to know from Ricaredo in a small way,

cómo había pasado la batalla con los bajeles de los
corsarios;

76.4

how the battle with the corsairs' ships had passed;

él la contó de nuevo, atribuyendo la victoria a
Dios, y a los brazos valerosos de sus soldados,
encareciéndolos a todos juntos y particularizando
algunos hechos de algunos que más que los otros se
habían señalado, con que obligó a la reina a hacer a
todos merced, y en particular a los particulares;

76.5

he told it again, attributing the victory to God, and to the
valiant arms of his soldiers, praising them all together and
particularizing some deeds of some that more than the
others had been pointed out, with which he obliged the
queen to do mercy to all, and in particular to the private
individuals;

y cuando llegó a decir la libertad que en nombre de su
majestad, había dado a los turcos y christianos, dijo:

76.6

and when he came to tell the liberty that in the name of his
majesty, he had given to the Turks and Christians, he said:

77.1 — Aquella mujer y aquel hombre que allí están —
señalando a los padres de Isabela — son los que dije
ayer a V.M.;

— That woman and that man who are there," pointing
to Isabela's parents, "are the ones I told your Majesty
yesterday;

77.2 que con deseo de ver vuestra grandeza,

that with a desire to see your greatness,

77.3 encarecidamente me pidieran los trujese conmigo;

they earnestly asked me to bring them with me;

77.4 ellos son de Cádiz y, de lo que ellos me han contado, y
de lo que en ellos he visto y notado, sé que son gente
principal y de valor.

they are from Cádiz, and from what they have told me, and
from what I have seen and noticed in them, I know that
they are people of great importance and value.

78.1 Mandóles la reina que se llegasen cerca.

The queen ordered them to come near.

78.2 Alzó los ojos Isabela a mirar los que decían ser
españoles, y más de Cádiz, con deseo de saber si por
ventura conocían a sus padres.

Isabela raised her eyes to look at those who said they were
Spaniards, and more from Cadiz, with the desire to know if
by chance they knew her parents.

Ansí como Isabela alzó los ojos, los puso en ella   78.3
su madre, y detuvo el paso para mirarla más
atentamente, y en la memoria de Isabela se
comenzaron a despertar unas confusas noticias que le
querían dar a entender que en otro tiempo ella había
visto a aquella mujer que delante tenía.

As Isabela raised her eyes, her mother looked at her, and
stopped her step to look at her more attentively, and in
Isabela's memory some confusing news began to awaken
that wanted her to understand that in another time she had
seen the woman who was in front of her.

Su padre estaba en la misma confusión,   78.4

Her father was in the same confusion,

sin osar determinarse a dar crédito a la verdad que   78.5
sus ojos le mostraban.

not daring to believe the truth that his eyes were showing
him.

Ricaredo estaba atentísimo a ver los afectos, y los   78.6
movimientos que hacían las tres dudosas y perplejas
almas, que tan confusas estaban entre el sí y el no de
conocerse.

Ricaredo was very attentive to see the affections and
movements of the three doubtful and perplexed souls,
who were so confused between the yes and no of knowing
each other.

Conoció la reina la suspensión de entrambos, y aun   78.7
el desasosiego de Isabela, porque la vio trasudar y
levantar las manos muchas veces a componerse el
cabello.

The queen knew the suspension of both of them, and even
the uneasiness of Isabela, because she saw her hands shake
and raise many times to fix her hair.

78.8 **En esto, deseaba Isabela que hablase la que pensaba ser su madre, quizá los oídos la sacarían de la duda en que sus ojos la habían puesto.**

In this, Isabela wished that the one who thought to be her mother spoke, perhaps the ears would take her out of the doubt in which her eyes had placed her.

78.9 **La reina dijo a Isabela que en lengua española dijese a aquella mujer y a aquel hombre que le dijesen qué causa les había movido a no querer gozar de la libertad que Ricaredo les había dado, siendo la libertad la cosa más amada, no sólo de la gente de razón, más aún de los animales que carecen della.**

The queen told Isabela in Spanish to tell that woman and that man to tell her what cause had moved them not to want to enjoy the freedom that Ricaredo had given them, freedom being the most beloved thing, not only of people of reason, but even more so of animals that lack it.

79.1 **Todo esto preguntó Isabela a su madre.**

All this Isabela asked her mother.

79.2 **La cual, sin responderle palabra, desatentadamente y medio tropezando, se llegó a Isabela, y sin mirar a respecto, temores, ni miramientos cortesanos, alzó la mano a la oreja derecha de Isabela, y descubrió un lunar negro que allí tenía, la cual señal acabó de certificar su sospecha.**

Who, without answering her word, carelessly and half stumbling, came to Isabela, and without looking at respect, fears, or courtly glances, raised her hand to Isabela's right ear, and discovered a black mole that she had there, which sign finished certifying her suspicion.

Y viendo claramente ser Isabela su hija, abrazándose con ella, dio una gran voz, diciendo: 79.3

And seeing clearly to be Isabela his daughter, embracing her, he gave a loud voice, saying:

— ¡Oh hija de mi corazón! ¡Oh prenda cara del alma mía! — 80.1

— O daughter of my heart, O expensive garment of my soul! —

Y sin poder pasar adelante se cayó desmayada en los brazos de Isabela. 80.2

And without being able to pass forward, she fell fainting in Isabela's arms.

Su padre, no menos tierno que prudente, dio muestras de su sentimiento no con otras palabras que con derramar lágrimas que sesgamente su venerable rostro y barbas le bañaron. 81.1

Her father, no less tender than prudent, gave proof of his feelings with no other words than by shedding tears, which sceptically bathed his venerable face and beard.

Juntó Isabela su rostro con el de su madre, y volviendo los ojos a su padre, de tal manera le miró que le dio a entender el gusto y el descontento que de verlos allí su alma tenía. 81.2

Isabela joined her face with that of her mother, and turning her eyes to her father, she looked at him in such a way that she gave him to understand the pleasure and displeasure that her soul had in seeing them there.

La reina admirada de tal suceso, dijo a Ricaredo: 81.3

The queen, admiring such an event, said to Ricaredo:

82.1 — Yo pienso, Ricaredo, que en vuestra discreción se han ordenado estas vistas y no se os diga que han sido acertadas, pues sabemos que así suele matar una súbita alegría, como mata una tristeza.

— I think, Ricaredo, that in your discretion these sights have been ordered, and let it not be said to you that they have been right, for we know that in this way a sudden joy usually kills, as it kills a sadness.

83.1 Y diciendo esto se volvió a Isabela y la apartó de su madre, la cual, habiéndole echado agua en el rostro volvió en sí, y estando un poco más en su acuerdo, puesto de rodillas delante de la reina, le dijo:

And saying this she turned to Isabela and took her away from her mother, who, having poured water on her face came to herself, and being a little more in her accord, kneeling before the queen, said to her:

84.1 — Perdone, vuestra majestad, mi atrevimiento, que no es mucho perder los sentidos con la alegría del hallazgo desta amada prenda.

— Forgive me, Your Majesty, for my audacity, for it is not much to lose my senses with the joy of finding this beloved garment.

85.1 Respondióle la reina que tenía razón, sirviéndole de intérprete, para que lo entendiese, Isabela.

The queen replied that she was right, and Isabela served as interpreter, so that she would understand.

85.2 La cual, de la manera que se ha contado, conoció a sus padres y sus padres a ella, a los cuales mandó la reina quedar en palacio para que de espacio pudiesen ver y hablar a su hija y regocijarse con ella.

The queen ordered them to stay in the palace so that they could see and speak to her daughter and rejoice with her.

De lo cual Ricaredo se holgó mucho, y de nuevo pidió   85.3
a la reina le cumpliese la palabra que le había dado,
de dársela, si es que a caso la merecía;

Ricaredo was very pleased with this, and again asked the
queen to keep the word she had given him, to give it to him,
if he deserved it;

y de no merecerla,   85.4

and if he did not deserve it,

le suplicaba desde luego le mandase ocupar en cosas   85.5
que le hiciesen digno de alcanzar lo que deseaba.

he begged her immediately to order him to occupy himself
with things that would make him worthy of attaining what
he desired.

Bien entendió la reina que estaba Ricaredo satisfecho   86.1
de sí mismo, y de su mucho valor, que no había
necesidad de nuevas pruebas para calificarle;

The queen well understood that Ricaredo was satisfied with
himself and his great courage, and that there was no need
for new proofs to qualify him;

y así, le dijo que de allí a cuatro días le entregaría a   86.2
Isabela, haciendo a los dos la honra que a ella fuese
posible.

and so she told him that within four days she would give
him Isabela, doing them both the honor that was possible
for her.

87.1 Con esto se despidió Ricaredo, contentísimo con la esperanza propincua que llevaba de tener en su poder a Isabela sin sobresalto de perderla, que es el último deseo de los amantes.

With this, Ricaredo took his leave, very happy with the constant hope that he had of having Isabela in his power without the fear of losing her, which is the last wish of lovers.

87.2 Corrió el tiempo, y no con la ligereza que él quisiera;

Time passed, and not as lightly as he would have liked;

87.3 que los que viven con esperanzas de promesas venideras, siempre imaginan que no vuela el tiempo sino que anda sobre los pies de la pereza misma.

for those who live with hopes of promises to come, always imagine that time does not fly, but walks on the feet of laziness itself.

87.4 Pero en fin llegó el día, no donde pensó Ricaredo poner fin a sus deseos, sino de hallar en Isabela gracias nuevas que le moviesen a quererla más, si más pudiese.

But at last the day came, not where Ricaredo thought to put an end to his desires, but to find in Isabela new graces that would move him to love her more, if he could.

88.1 Mas en aquel breve tiempo, donde él pensaba que la nave de su buena fortuna corría con próspero viento hacia el deseado puerto, la contraria suerte levantó en su mar tal tormenta, que mil veces temió anegarle.

But in that short time, where he thought that the ship of his good fortune was running with a prosperous wind towards the desired port, the contrary luck raised in his sea such a storm, that a thousand times he feared he would be swamped.

Es, pues, el caso que la camarera mayor de la reina, a cuyo cargo estaba Isabela, tenía un hijo de edad de veinte y dos años llamado el conde Arnesto. 88.2

It is, therefore, the case that the queen's chief chambermaid, in whose charge Isabela was, had a son of twenty-two years of age called Count Arnesto.

Hacíanle la grandeza de su estado, la alteza de su sangre, el mucho favor que su madre con la reina tenía ...Hacíanle, digo, estas cosas más de lo justo arrogante, altivo y confiado. 88.3

They made him the greatness of his state, the highness of his blood, the great favor that his mother had with the queen ...They made him, I say, these things more than just arrogant, haughty and confident.

Este Arnesto, pues, se enamoró de Isabela tan encendidamente que en la luz de los ojos de Isabela tenía abrasada el alma. 89.1

This Arnesto, then, fell in love with Isabela so ardently that in the light of Isabela's eyes his soul was scorched.

Y aunque en el tiempo que Ricaredo había estado aunsente con algunas señales le había descubierto su deseo, 89.2

And although in the time that Ricaredo had been aunsente with some signs had discovered him his desire,

nunca de Isabela fue admitido. 89.3

never of Isabela was admitted.

89.4   Y puesto que la repugnancia y los desdenes en los
principios de los amores suelen hacer desistir de la
empresa a los enamorados, en Arnesto obraron lo
contrario los muchos y conocidos desdendes que
le dio Isabela, porque con su celo ardía, y con su
honestidad se abrasaba.

And since repugnance and scorn in the beginnings of love
usually make lovers desist from the enterprise, in Arnesto
the many and well-known scorns that Isabela gave him
worked the contrary, because with her zeal he burned, and
with her honesty he burned.

89.5   Y como vio que Ricaredo, según el parecer de la reina,
tenía merecida a Isabela y que en tan poco tiempo se
la había de entregar por mujer, quiso desesperarse;

And when he saw that Ricaredo, according to the queen's
opinion, had Isabela deserved, and that in so short a time
he was to give her to him as wife, he wanted to despair;

89.6   pero antes que llegase a tan infame y tan cobarde
remedio, habló a su madre, diciéndole que pidiese a
la reina le diese a Isabela por esposa;

but before he could arrive at such an infamous and
cowardly remedy, he spoke to his mother, telling her to
ask the queen to give Isabela to him as wife;

89.7   donde no,

and if not,

89.8   que pensase que la muerte estaba llamando a las
puertas de su vida.

to think that death was knocking at the gates of his life.

Quedó la camarera admirada de las razones de su hijo, 89.9
y como conocía la aspereza de su arrojada condición,
y la tenacidad con que se le pegaban los deseos en el
alma, temió que sus amores habían de parar en algún
infelice suceso.

The chambermaid was admired by her son's reasons, and
as she knew the asperity of his bold condition, and the
tenacity with which his desires clung to his soul, she feared
that his love would end in some unhappy event.

Con todo eso, como madre, a quien es natural desear 89.10
y procurar el bien de sus hijos, prometió al suyo de
hablar a la reina, no con esperanza de alcanzar della
el imposible de romper su palabra, sino por no dejar
de intentar, como en salir desasuciada, los últimos
remedios.

Nevertheless, as a mother, to whom it is natural to desire
and procure the good of her children, she promised her
son to speak to the queen, not in the hope of achieving the
impossible of breaking her word, but in order not to fail to
try, as if to get out of it, the last remedies.

90.1 Y estando aquella mañana Isabela vestida, por orden
de la reina, tan ricamente que no se atreve la pluma
a contarlo, y habiéndole echado la misma reina al
cuello una sarta de perlas de las mejores que traía
la nave, que las apreciaron en veinte mil ducados, y
puéstole un anillo de un diamante que se apreció en
seis mil escudos, y estando alborozadas las damas,
por la fiesta que esperaban del cercano desposorio,
entró la camarera mayor a la reina y de rodillas le
suplicó que suspendiese el desposorio de Isabela
por otros dos días, que con esta merced sola que su
majestad le hiciese, se tendría por satisfecha y pagada
de todas las mercedes, que por sus servicios merecía y
esperaba.

And being that morning Isabela dressed, by order of the
queen, so richly that the pen dare not tell it, and the queen
herself having thrown around her neck a string of pearls
of the best that the ship brought, which were valued at
twenty thousand ducats, and put a ring of a diamond that
was valued at six thousand escudos, And while the ladies
were rejoicing for the celebration they expected from the
approaching betrothal, the chief chambermaid went in to
the queen and on her knees begged her to suspend Isabella's
betrothal for another two days, that with this mercy alone
that her majesty would do for her, she would be satisfied
and paid for all the mercies that she deserved and expected
for her services.

91.1 Quiso saber la reina primero, por qué le pedía
con tanto ahínco aquella suspensión que tan
derechamente iba contra la palabra que tenía dada
a Ricaredo.

First, the queen wanted to know why she was asking so
earnestly for that suspension, which went so directly
against the word she had given to Ricaredo.

Pero no se la quiso dar la camarera, hasta que le hubo
otorgado, que haría lo que le pedía.

But the chambermaid would not give it to her until she had
assured him that she would do as he asked.

Tanto deseo tenía la reina de saber la causa de aquella
demanda, y así, después que la camarera alcanzó lo
que por entonces deseaba, contó a la reina los amores
de su hijo y cómo temía que si no le daban por mujer
a Isabela, o se había de desesperar, o hacer algún
hecho escandaloso. Y que si había pedido aquellos dos
días, era por dar lugar a que su majestad pensase qué
medio sería a propósito, y conveniente, para dar a su
hijo remedio.

The queen was so anxious to know the cause of that request,
and so, after the chambermaid had obtained what she then
desired, she told the queen of her son's love affairs and how
she feared that if Isabela were not given to him as his wife,
he would either despair or do something scandalous, and
that if she had asked for those two days, it was to give her
majesty time to consider what means would be suitable and
convenient to give her son a remedy. .

La reina respondió que si su real palabra no
estuviera de por medio, que ella hallara salida a
tan cerrado laberinto, pero que no la quebrantaría,
ni defraudaría las esperanzas de Ricaredo por todo el
interés del mundo.

The queen replied that if her royal word were not in the
way, that she would find a way out of such an enclosed
labyrinth, but that she would not break it, nor disappoint
the hopes of Ricaredo for all the interest of the world.

92.2 Esta respuesta dio la camarera a su hijo, el cual, sin detenerse un punto, ardiendo en amor y en celos, se armó de todas armas y, sobre un fuerte y hermoso caballo, se presentó ante la casa de Clotaldo, y a grandes voces pidió que se asomase Ricaredo a la ventana.

This answer the chambermaid gave to her son, who, without pausing a moment, burning with love and jealousy, armed himself with all his weapons and, on a strong and beautiful horse, presented himself before Clotaldo's house, and with loud voices asked Ricaredo to come to the window.

92.3 El cual a aquella sazón estaba vestido de galas de desposado y a punto para ir a palacio con el acompañamiento que tal acto requería;

He was at that time dressed in wedding finery and ready to go to the palace with the accompaniment that such an act required;

92.4 mas habiendo oído las voces y siéndole dicho, quien las daba y del modo que venía, con algún sobresalto, se asomó a una ventana.

but having heard the voices and being told who gave them and how they came, with some shock, he leaned out of a window.

92.5 Y como le vio Arnesto, dijo:

And when Arnesto saw him, he said:

93.1 — Ricaredo, estáme atento a lo que decirte quiero.

— Ricaredo, be attentive to what I want to tell you.

La reina, mi señora, te mandó fueses a servirla y a
hacer hazañas, que te hiciesen merecedor de la sin
par Isabela.

93.2

The queen, my lady, commanded you to go and serve her
and to do exploits that would make you worthy of the
peerless Isabela.

Tu fuiste y volviste, cargadas las naves de oro, con el
cual piensas haber comprado y merecido a Isabela;

93.3

You went and returned, laden with gold, with which you
think you have bought and deserved Isabela;

y aunque la reina, mi señora, te la ha prometido,
ha sido creyendo que no hay ninguno en su corte,
que mejor que tú la sirva, ni quien con mejor título
merezca a Isabela;

93.4

and although the queen, my lady, has promised her to you,
she has done so believing that there is no one in her court
who can serve her better than you, nor who with a better
title deserves Isabela;

y en esto bien podrá ser, se haya engañado.

93.5

and in this she may well have been deceived.

Y así, llegándome a esta opinión, que yo tengo por
verdad averiguada, digo que ni tú has hecho cosas
tales que te hagan merecer a Isabela, ni ninguna
podrás hacer que a tanto bien te levanten, y en razón
de que no la mereces, si quisieres contradecirme, te
desafío a todo trance de muerte.

93.6

And so, coming to this opinion, which I hold to be the
ascertained truth, I say that you have not done such things
as would make you deserve Isabella, nor can you do any
that would raise you to such good; and because you do not
deserve her, if you wish to contradict me, I defy you to the
point of death.

94.1 **Calló el conde, y desta manera le respondió Ricaredo:**
The count fell silent, and Ricaredo answered him in this way:

95.1 **— En ninguna manera me toca salir a vuestro desafío, señor conde, porque yo confieso no sólo que no merezco a Isabela, sino que no la merece ninguno de los que hoy viven en el mundo;**
— In no way does it behoove me to go out to your challenge, Count, because I confess not only that I do not deserve Isabela, but that none of those who live in the world today deserve her;

95.2 **así que confesando yo lo que vos decís, otra vez digo, que no me toca vuestro desafío.**
so, confessing what you say, I say again that your challenge does not behoove me.

95.3 **Pero yo le acepto por el atrevimiento que habéis tenido en desafiarme.**
But I accept it for the audacity you have had in challenging me.

96.1 **Con esto se quitó de la ventana y pidió apriesa sus armas.**
With this he left the window and hastily asked for his weapons.

96.2 **Alborotáronse sus parientes y todos aquellos que para ir a palacio habían venido a acompañarle.**
His relatives and all those who had come to accompany him to the palace were in an uproar.

De la mucha gente que había visto al conde Arnesto 96.3
armado, y le había oído las voces del desafío, no faltó
quien lo fue a contar a la reina; la cual mandó al
capitán de su guarda, que fuese a prender al conde.

Of the many people who had seen Count Arnesto armed,
and had heard the voices of defiance, there was no lack of
those who went to tell the queen, who ordered the captain
of her guard to go and seize the count.

El capitán se dio tanta priesa, que llegó a tiempo que 96.4
ya Ricaredo salía de su casa, armado con las armas
con que se había desembarcado, puesto sobre un
hermoso caballo.

The captain made such haste that he arrived just as
Ricaredo was leaving his house, armed with the weapons
with which he had disembarked, and mounted on a
beautiful horse.

Cuando el conde vio al capitán, luego imaginó a 96.5
lo que venía, y determinó de no dejar prenderse, y
alzando la voz contra Ricaredo, dijo:

When the count saw the captain, he immediately imagined
what he was coming to, and determined not to let himself
be seized, and raising his voice against Ricaredo, he said:

— Ya ves, Ricaredo, el impedimento que nos viene. 97.1
— You see, Ricaredo, the impediment that comes to us.

Si tuvieres gana de castigarme, tú me buscarás; 97.2
If you have a desire to punish me, you will look for me;

y por la que yo tengo de castigarte, también te 97.3
buscaré.

and if I have a desire to punish you, I will also look for you.

Y pues dos que se buscan fácilmente se hallan, 97.4
And since two who seek each other easily find each other,

97.5 dejemos para entonces la ejecución de nuestros deseos.

let us leave the execution of our desires until then.

98.1 — Soy contento — respondió Ricaredo.

— I am happy," Ricaredo replied.

99.1 En esto llegó el capitán con toda su guarda y dijo al conde que fuese preso en nombre de su majestad.

At this the captain arrived with all his guard and told the count that he should be imprisoned in the name of her majesty.

99.2 Respondió el conde, que sí daba, pero no para que le llevasen a otra parte, que a la presencia de la reina.

The count replied that he would, but not to be taken anywhere else than in the presence of the queen.

99.3 Contentóse con esto el capitán, y cogiéndole en medio de la guarda, le llevó a palacio ante la reina, la cual ya de su camarera estaba informada del amor grande que su hijo tenía a Isabela, y con lágrimas había suplicado a la reina perdonase al conde, que como mozo y enamorado, a mayores yerros estaba sujeto.

The captain was content with this, and taking him in the middle of the guard, took him to the palace before the queen, who was already informed by her chambermaid of the great love that her son had for Isabela, and with tears had begged the queen to pardon the count, who as a young man in love, was subject to greater errors.

Llegó Arnesto ante la reina; la cual, sin entrar con 99.4
él en razones, le mandó quitar la espada y que le
llevasen preso a una torre.

Arnesto arrived before the queen, who, without entering
into reason with him, ordered him to take away his sword
and to be taken prisoner to a tower.

Todas estas cosas atormentaban el corazón de Isabela 100.1
y de sus padres,

All these things tormented the heart of Isabela and her
parents,

que tan presto veían turbado el mar de su sosiego. 100.2

who so soon saw the sea of their peace disturbed.

Aconsejó la camarera a la reina que para sosegar 100.3
el mal que podía suceder entre su parentela y la de
Ricaredo, que se quitase la causa de por medio, que
era Isabela, enviándola a España, y así cesarían los
efectos, que debían de temerse.

The chambermaid advised the queen that in order to
calm the evil that could happen between her relatives and
Ricaredo's, that the cause be removed, which was Isabela,
by sending her to Spain, and thus the effects, which were to
be feared, would cease.

Añadiendo a estas razones, decir que Isabela era 100.4
cathólica, y tan christiana que ninguna de sus
persuasiones, que habían sido muchas, la habían
podido torcer en nada de su cathólico intento.

Adding to these reasons, saying that Isabela was catholic,
and so christian that none of her persuasions, which had
been many, had been able to twist her in anything of her
catholic intent.

100.5 A lo cual respondió la reina, que por eso la estimaba
en más, pues tan bien sabía guardar la ley que sus
padres la habían enseñado.

To which the queen replied, that for this reason she
esteemed her more highly, since she knew so well how
to keep the law that her parents had taught her.

100.6 Y que en lo de enviarla a España no tratase, porque su
hermosa presencia y sus muchas gracias y virtudes le
daban mucho gusto, y que, sin duda, si no aquel día,
otro, se la había de dar por esposa a Ricaredo, como se
lo tenía prometido.

And that she should not try to send her to Spain, because
her beautiful presence and her many graces and virtues
gave her great pleasure, and that, no doubt, if not that day,
another day, she would give her as wife to Ricaredo, as she
had promised him.

101.1 Con esta resolución de la reina, quedó la camarera
tan desconsolada, que no le replicó palabra.

With this resolution of the queen, the chambermaid was so
disconsolate that she did not reply a word.

101.2 Y, pareciéndole lo que ya le había parecido, que si
no era quitando a Isabela de por medio, no había
de haber medio alguno que la rigurosa condición
de su hijo ablandase, ni redujese a tener paz con
Ricaredo, determinó de hacer una de las mayores
crueldades que pudo caber jamás en pensamiento de
mujer principal, y tanto como ella lo era.

And, as it seemed to her what had already seemed to her,
that if it was not by taking Isabela out of the way, there
would be no way that the rigorous condition of her son
would soften or reduce her to have peace with Ricaredo, she
determined to do one of the greatest cruelties that could
ever fit in the mind of a principal woman, and as much as
she was.

Y fue su determinación matar con tósigo a Isabela; 101.3
And it was her determination to kill Isabela with a toast;

y, como por la mayor parte sea la condición de las 101.4
mujeres ser prestas y determinadas, aquella misma
tarde atosigó a Isabela en una conserva que le dio,
forzándola que la tomase por ser buena contra las
ansias de corazón que sentía.
and, as for the most part it is the condition of women to be
ready and determined, that same afternoon she harassed
Isabela in a canning that she gave her, forcing her to take it
because it was good against the anxieties of heart that she
felt.

Poco espacio pasó después de haberla tomado, 101.5
cuando a Isabela se le comenzó a hinchar la lengua
y la garganta, y a ponérsele denegridos los labios
y a enronquecérsele la voz, turbársele los ojos y
apretársele el pecho; todas conocidas señales de
haberle dado veneno.
Shortly after she had taken it, Isabela's tongue and throat
began to swell, her lips became black, her voice hoarse, her
eyes troubled, and her chest tightened, all known signs that
she had been given poison.

Acudieron las damas a la reina, 102.1
The ladies went to the queen,

contándole lo que pasaba y certificándole que la 102.2
camarera había hecho aquel mal recaudo.
telling her what was going on and certifying that the
chambermaid had made that bad mistake.

No fue menester mucho, para que la reina lo creyese; 102.3
y así, fue a ver a Isabela que ya casi estaba expirando.
It did not take much for the queen to believe it, and so she
went to see Isabela, who was almost expiring.

102.4 Mandó llamar la reina con priesa a sus médicos, y en tanto que tardaban, la hizo dar cantidad de polvos de unicornio, con otros muchos antídotos, que los grandes príncipes suelen tener prevenidos para semejantes necesidades.

The queen sent for her physicians with haste, and while they were delayed, she had her given a quantity of unicorn powder, with many other antidotes, which great princes usually have prepared for such necessities.

102.5 Vinieron los médicos, y esforzaron los remedios, y pidieron a la reina que hiciese decir a la camarera qué género de veneno le había dado, porque no se dudaba que otra persona alguna si no ella la hubiese avenenado.

The doctors came and tried the remedies, and asked the queen to tell the chambermaid what kind of poison she had given her, because it was not doubted that someone else had poisoned her.

102.6 Ella lo descubrió, y con esta noticia los médicos aplicaron tantos remedios, y tan eficaces, que con ellos, y con el ayuda de Dios, quedó Isabela con vida o alomenos con esperanza de tenerla.

She discovered it, and with this news the doctors applied so many remedies, and so effective, that with them, and with the help of God, Isabela was left alive or at least with the hope of having it.

103.1 Mandó la reina prender a su camarera y encerrarla en un aposento estrecho de palacio, con intención de castigarla, como su delito merecía.

The queen ordered her chambermaid to be seized and locked in a narrow chamber of the palace, with the intention of punishing her, as her crime deserved.

Puesto que ella se disculpaba, diciendo que en matar 103.2
a Isabela hacía sacrificio al cielo, quitando de la
tierra a una cathólica y, con ella, la ocasión de las
pendencias de su hijo.

Since she excused herself, saying that in killing Isabela she
was making a sacrifice to heaven, removing a Catholic from
the earth and, with her, the occasion of her son's quarrels.

Estas tristes nuevas, oídas de Ricaredo, le pusieron en 104.1
términos de perder el juicio, tales eran las cosas que
hacía y las lastimeras razones con que se quejaba.

These sad news, heard by Ricaredo, put him in terms of
losing his mind, such were the things he did and the pitiful
reasons with which he complained.

Finalmente, Isabela no perdió la vida; que el quedar 104.2
con ella, la naturaleza lo comutó en dejarla sin cejas,
pestañas y sin cabello, el rostro hinchado, la tez
perdida, los cueros levantados, y los ojos lagrimosos.

In the end, Isabela did not lose her life, but nature had left
her without eyebrows, eyelashes and hair, her face swollen,
her complexion lost, her hides raised, and her eyes teary.

Finalmente, quedó tan fea que como hasta allí había 104.3
parecido un milagro de hermosura, entonces parecía
un monstruo de fealdad.

Finally, she became so ugly that as until then she had
seemed a miracle of beauty, now she seemed a monster of
ugliness.

Por mayor desgracia tenían los que la conocían, haber 104.4
quedado de aquella manera que si la hubiera muerto
el veneno.

It was a greater misfortune for those who knew her to have
been left like that than if she had been killed by poison.

104.5 Con todo esto Ricaredo se la pidió a la reina, y le
suplicó que se la dejase llevar a su casa, porque el
amor que la tenía pasaba del cuerpo al alma;
With all this Ricaredo asked the queen, and begged her to
let him take her home, because the love he had for her went
from body to soul;

104.6 y que si Isabela había perdido su belleza,
and if Isabela had lost her beauty,

104.7 no podía haber perdido sus infinitas virtudes.
she could not have lost her infinite virtues.

105.1 — Así es — dijo la reina — , lleváosla, Ricaredo,
y haced cuenta que lleváis una riquísima joya
encerrada en una caja de madera tosca.
— So it is," said the queen; "take her away, Ricaredo, and
make it known that you are carrying a very rich jewel
enclosed in a box of rough wood.

105.2 Dios sabe si quisiera dárosla como me la entregastes,
pero pues no es posible, perdonadme;
God knows whether I would like to give it to you as you gave
it to me, but since it is not possible, forgive me;

105.3 quizá el castigo que diere a la cometedora de tal
delito, satisfará en algo el deseo de la venganza.
perhaps the punishment I shall inflict on the perpetrator
of such a crime will somewhat satisfy the desire for
vengeance.

106.1 Muchas cosas dijo Ricaredo a la reina, disculpando a
la camarera, y suplicándola que la perdonase;
Many things Ricaredo said to the queen, excusing the
chambermaid, and begging her to forgive her;

pues las disculpas que daba eran bastantes para
perdonar mayores insultos.

106.2

for the apologies she gave were enough to forgive greater
insults.

Finalmente, le entregaron a Isabela y a sus padres, y
Ricaredo los llevó a su casa, digo a la de sus padres.

106.3

Finally, Isabela and her parents were given to him, and
Ricaredo took them to his house, I mean to her parents'
house.

A las ricas perlas y al diamante, añadió otras joyas
la reina, y otros vestidos, tales, que descubrieron el
mucho amor que a Isabela tenía;

106.4

To the rich pearls and the diamond, the queen added other
jewels, and other dresses, such as revealed the great love
she had for Isabela;

la cual duró dos meses en su fealdad,

106.5

who lasted two months in her ugliness,

sin dar indicio alguno de poder reducirse a su
primera hermosura;

106.6

without showing any sign of being able to be reduced to her
first beauty;

pero al cabo de este tiempo comenzó a caérsele el
cuero y a descubrírsele su hermosa tez.

106.7

but at the end of this time her skin began to fall off and her
beautiful complexion to be revealed.

En este tiempo los padres de Ricaredo,

107.1

At this time Ricaredo's parents,

pareciéndoles no ser posible que Isabela en sí
volviese,

107.2

not thinking it possible for Isabela to return,

107.3 **determinaron enviar por la doncella de Escocia,**
decided to send for the maiden from Scotland,

107.4 **con quien primero que con Isabela tenían concertado de casar a Ricaredo,**
with whom they had first arranged for Ricaredo to marry Isabela,

107.5 **y esto sin que él lo supiese,**
and this without his knowledge,

107.6 **no dudando que la hermosura presente de la nueva esposa hiciese olvidar a su hijo la ya pasada de Isabela,**
not doubting that the present beauty of the new wife would make their son forget the past of Isabela,

107.7 **a la cual pensaban enviar a España con sus padres,**
whom they intended to send to Spain with her parents,

107.8 **dándoles tanto haber y riquezas,**
giving them so much wealth and riches,

107.9 **que recompensasen sus pasadas pérdidas.**
that they would compensate them for their past losses.

107.10 **No pasó mes y medio cuando, sin sabiduría de Ricaredo, la nueva esposa se le entró por las puertas, acompañada como quien ella era, y tan hermosa que después de la Isabela que solía ser, no había otra tan bella en toda Londres.**
It was not a month and a half later when, without Ricaredo's knowledge, the new wife entered his doors, accompanied as she was, and so beautiful that after the Isabela she used to be, there was no other so beautiful in all London.

Sobresaltóse Ricaredo con la improvisa vista de la doncella, 108.1

Ricaredo was startled by the sudden sight of the maiden,

y temió que el sobresalto de su venida había de acabar la vida a Isabela. 108.2

and feared that the shock of her coming would end Isabela's life.

Y así, para templar este temor, se fue al lecho donde Isabela estaba, y hallóla en compañía de sus padres, delante de los cuales dijo: 108.3

And so, to temper this fear, he went to the bed where Isabela was, and found her in the company of her parents, in front of whom he said:

— Isabela de mi alma, mis padres con el grande amor que me tienen aún no bien enterados del mucho que yo te tengo, han traído a casa una doncella escocesa, con quien ellos tenían concertado de casarme, antes que yo conociese lo que vales; 109.1

— Isabela of my soul, my parents, with the great love they have for me, not yet well aware of how much I love you, have brought home a Scottish maiden, whom they had arranged to marry me before I knew what you are worth;

y esto, a lo que creo, con intención que la mucha belleza desta doncella borre de mi alma la tuya que en ella estampada tengo. 109.2

and this, I believe, with the intention that the great beauty of this maiden would erase from my soul the beauty of yours that I have imprinted on her.

109.3 **Yo, Isabela, desde el punto que te quise, fue con otro amor de aquel que tiene su fin y paradero en el cumplimiento del sensual apetito; que puesto que tu corporal hermosura me cautivó los sentido; tus infinitas virtudes me aprisionaron el alma de manera que si hermosa te quise, fea te adoro.**

I, Isabela, from the moment I loved you, it was with a love other than that which has its end and its end in the fulfillment of the sensual appetite; since your bodily beauty captivated my senses, your infinite virtues imprisoned my soul in such a way that if I loved you beautiful, I adore you ugly.

109.4 **Y para confirmar esta verdad, dame esa mano.**

And to confirm this truth, give me that hand.

109.5 **— Y dándole ella la derecha y asiéndola él con la suya,**

— And she gave him her right hand and he grasped it with his,

109.6 **prosiguió diciendo — :**

and went on to say:

Por la fe cathólica que mis christianos padres me
enseñaron, la cual si no está en la entereza que se
requiere, por aquella fe juro que guarda el pontífice
romano, que es la que yo en mi corazón confieso, creo
y tengo, y por el verdadero Dios que nos está oyendo,
te prometo ¡oh Isabela mitad de mi alma! de ser tu
esposo, y lo soy desde luego si tú quieres levantarme a
la alteza de ser tuyo.

"By the Catholic faith that my Christian parents taught me,
which if it is not in the integrity that is required, by that
faith I swear that the Roman pontiff keeps, which is what I
confess, believe and have in my heart, and by the true God
who is listening to us, I promise you, O Isabella, half of my
soul, to be your husband, and I am yours of course if you
will raise me to the loftiness of being yours.

109.7

Quedó suspensa Isabela con las razones de Ricaredo,

Isabela was left in suspense with Ricaredo's reasons,

110.1

y sus padres atónitos y pasmados.

and her parents were astonished and stunned.

110.2

Ella no supo qué decir, ni hacer otra cosa que besar
muchas veces la mano de Ricaredo, y decirle, con voz
mezclada con lágrimas, que ella le aceptaba por suyo
y se entregaba por su esclava.

She did not know what to say, nor did she know what to do
other than kiss Ricaredo's hand many times, and tell him,
in a voice mixed with tears, that she accepted him as her
own and gave herself as his slave.

110.3

Besóla Ricaredo en el rostro feo, no habiendo tenido
jamás atrevimiento de llegarse a él, cuando hermoso.

Ricaredo kissed her on the ugly face, never having dared to
come to him when she was beautiful.

110.4

110.5 **Los padres de Isabela solemnizaron con tiernas y muchas lágrimas las fiestas del desposorio.**

Isabela's parents solemnized with tender and many tears the festivities of the betrothal.

110.6 **Ricaredo les dijo que él dilataría el casamiento de la escocesa, que ya estaba en casa, del modo que después verían;**

Ricaredo told them that he would delay the marriage of the Scotswoman, who was already at home, in the way that they would later see;

110.7 **y cuando su padre los quisiese enviar a España a todos tres, no lo rehusasen, sino que se fuesen y le aguardasen en Cádiz, o en Sevilla, dos años, dentro de los cuales les daba su palabra de ser con ellos si el cielo tanto tiempo le concedía de vida.**

and when her father wanted to send all three of them to Spain, they would not refuse, but would go and wait for him in Cadiz or Seville for two years, within which time he gave them his word to be with them if heaven granted him so much time to live.

110.8 **Y que si deste término pasase, tuviese por cosa certísima que algún grande impedimento, o la muerte, que era lo más cierto, se había opuesto a su camino.**

And that if he should pass this term, he would consider it a most certain thing that some great impediment, or death, which was the most certain thing, had stood in his way.

110.9 **Isabela le respondió que no solos dos años le aguardaría,**

Isabela replied that she would not only wait two years for him,

sino todos aquellos de su vida hasta estar enterada
que él no la tenía;

110.10

but all the years of her life until she knew that he did not
have her;

porque en el punto que esto supiese,

110.11

for if she knew this,

sería el mismo de su muerte.

110.12

it would be the same as the time of her death.

Con estas tiernas palabras se renovaron las lágrimas
en todos, y Ricaredo salió a decir a sus padres como
en ninguna manera se casaría, ni daría la mano a su
esposa la escocesa, sin haber primero ido a Roma a
asegurar su conciencia.

111.1

With these tender words the tears were renewed in all, and
Ricaredo went out to tell his parents how he would in no
way marry, nor give his hand to his wife the Scotswoman,
without first having gone to Rome to assure his conscience.

Tales razones supo decir a ellos, y a los parientes que
habían venido con Clisterna, que así se llamaba la
escocesa, que como todos eran cathólicos fácilmente
las creyeron.

111.2

Such reasons he knew how to tell them, and the relatives
who had come with Clisterna, which was the name of
the Scotswoman, who, as they were all Catholics, readily
believed them.

Y Clisterna se contentó de quedar en casa de su
suegro hasta que Ricaredo volviese;

111.3

And Clisterna was content to remain in her father-in-law's
house until Ricaredo returned;

el cual pidió de término un año. ?

111.4

he asked for a year's term. ?

112.1 Esto ansí puesto y concertado, Clotaldo dijo a Ricaredo como determinaba enviar a España a Isabela y a sus padres, si la reina le daba licencia;

This being so arranged and agreed, Clotaldo told Ricaredo how he determined to send Isabela and her parents to Spain, if the queen would give him license;

112.2 quizá los aires de la patria apresurarían y facilitarían la salud que ya comenzaba a tener.

perhaps the airs of the homeland would hasten and facilitate the health that he was already beginning to have.

112.3 Ricaredo, por no dar indicio de sus designios, respondió tibiamente a su padre que hiciese lo que mejor le pareciese.

Ricaredo, not to give any indication of his intentions, responded tepidly to his father that he should do what he thought best.

112.4 Sólo le suplicó que no quitase a Isabela ninguna cosa de las riquezas que la reina le había dado.

He only begged him not to take from Isabela any of the riches that the queen had given him.

112.5 Prometióselo Clotaldo, y aquel mismo día fue a pedir licencia a la reina, así para casar a su hijo con Clisterna, como para enviar a Isabela y a sus padres a España.

Clotaldo promised him, and that same day he went to ask the queen for permission to marry his son to Clisterna, as well as to send Isabela and her parents to Spain.

112.6 De todo se contentó la reina,

The queen was satisfied with everything,

112.7 y tuvo por acertada la determinación de Clotaldo.

and considered Clotaldo's decision to be correct.

Y aquel mismo día, sin acuerdo de letrados, y sin poner a su camarera en tela de juicio, la condenó en que no sirviese más su oficio, y en diez mil escudos de oro para Isabela;

112.8

And that same day, without the agreement of counsel, and without questioning her chambermaid, she condemned her to serve her office no longer, and ten thousand escudos of gold for Isabella;

y al conde Arnesto, por el desafío, le desterró por seis años de Inglaterra.

112.9

and Count Arnesto, for his defiance, she banished him for six years from England.

No pasaron cuatro días, cuando ya Arnesto se puso a punto de salir a cumplir su destierro, y los dineros estuvieron juntos.

113.1

Not four days passed, when Arnesto was about to leave to fulfill his banishment, and the monies were together.

La reina llamó a un mercader rico que habitaba en Londres, y era francés, el cual tenía correspondencia en Francia, Italia y España.

113.2

The queen called a rich merchant who lived in London, and was French, who had correspondence in France, Italy and Spain.

Al cual entregó los diez mil escudos, y le pidió cédulas para que se los entregasen al padre de Isabela en Sevilla, o en otra playa de España.

113.3

To whom she gave the ten thousand escudos, and asked him for letters to deliver them to Isabella's father in Seville, or on another beach in Spain.

113.4 El mercader, descontados sus intereses y ganancias,
dijo a la reina que las daría ciertas y seguras
para Sevilla sobre otro mercader francés, su
correspondiente, en esta forma:

The merchant, discounting his interest and profits, told
the queen that he would give them certain and certain for
Seville upon another French merchant, his correspondent,
in this form:

113.5 que él escribiría a París, para que allí se hiciesen las
cédulas, por otro correspondiente suyo, a causa que
rezasen las fechas de Francia, y no de Inglaterra, por
el contrabando de la comunicación de los dos reinos,
y que bastaba llevar una letra de aviso suya sin fecha,
con sus contraseñas, para que luego diese el dinero
el mercader de Sevilla, que ya estaría avisado del de
París.

That he would write to Paris, so that the letters would be
made there, by another of his correspondents, so that
the dates would be from France, and not from England,
because of the smuggling of the communication of the two
kingdoms, and that it was enough to take a letter of notice
from him without date, with his passwords, so that the
Seville merchant would then give the money, who would
already be notified of the Paris merchant.

114.1 En resolución,

In resolution,

114.2 la reina tomó tales seguridades del mercader que no
dudó de no ser cierta la partida.

the queen took such assurances from the merchant that she
did not doubt that the departure was not certain.

Y no contenta con esto, mandó llamar a un patrón
de una nave flamenca, que estaba para partirse otro
día a Francia, a sólo tomar en algún puerto della
testimonio para poder entrar en España, a título de
partir de Francia y no de Inglaterra;

114.3

And not content with this, she sent for a skipper of a
Flemish ship, who was about to leave for France another
day, only to take in some port of it testimony to be able to
enter Spain, under the title of departing from France and
not from England;

al cual pidió encarecidamente llevase en su nave a
Isabela y a sus padres, y con toda seguridad y buen
tratamiento los pusiese en un puerto de España, el
primero a donde llegase.

114.4

whom she earnestly requested to take Isabela and her
parents in his ship, and with all security and good
treatment to put them in a port of Spain, the first one
where he would arrive.

El patrón que deseaba contentar a la reina, dijo, que
sí haría, y que los pondría en Lisboa, Cádiz o Sevilla.

114.5

The skipper, who wished to please the queen, said that he
would do so, and that he would put them in Lisbon, Cadiz
or Seville.

Tomados, pues, los recaudos del mercader, envió la
reina a decir a Clotaldo, no quitase a Isabela todo lo
que ella le había dado, así de joyas como de vestidos.

114.6

Having taken the merchant's precautions, the queen sent
Clotaldo to tell him not to take from Isabela all that she had
given him, both in jewels and clothing.

Otro día vino Isabela, y sus padres, a despedirse de la
reina, que los recibió con mucho amor.

115.1

Another day Isabela and her parents came to say goodbye to
the queen, who received them with much love.

115.2 Dioles la reina la carta del mercader y otras muchas dádivas,

The queen gave them the letter from the merchant and many other gifts,

115.3 así de dineros como de otras cosas de regalo para el viaje.

both money and other gifts for the journey.

115.4 Con tales razones se lo agradeció Isabela,

With such reasons Isabela thanked them,

115.5 que de nuevo dejó obligada a la reina para hacerle siempre mercedes.

that again she left the queen obliged to always do her mercies.

115.6 Despidióse de las damas, las cuales, como ya estaba fea, no quisieran que se partiera, viéndose libres de la envidia que a su hermosura tenían, y contentas de gozar de sus gracias y discreciones.

She took leave of the ladies, who, as she was already ugly, did not want her to leave, seeing themselves free of the envy they had for her beauty, and happy to enjoy her graces and discretion.

115.7 Abrazó la reina a los tres, y encomendándolos a la buena ventura y al patrón de la nave, y pidiendo a Isabela la avisase de su buena llegada a España, y siempre de su salud, por la vía del mercader francés, se despidió de Isabela y de sus padres;

The queen embraced the three, and commending them to good fortune and to the master of the ship, and asking Isabella to inform her of their safe arrival in Spain, and always of their health, by way of the French merchant, she took leave of Isabella and her parents;

los cuales, aquella misma tarde, se embarcaron, no
sin lágrimas de Clotaldo y de su mujer, y de todos
los de su casa, de quien era en todo extremo bien
querida.

115.8

who, that same evening, embarked, not without tears from
Clotaldo and his wife, and from all of her household, to
whom she was in every way well beloved.

No se halló a esta despedida presente Ricaredo, que
por no dar muestras de tiernos sentimientos, aquel
día hizo que con unos amigos suyos le llevasen a caza.

115.9

Ricaredo was not present at this farewell, who, in order not
to show any signs of tender feelings, that day had some of
his friends take him hunting.

Los regalos que la señora Catalina dio a Isabela para
el viaje fueron muchos;

116.1

The gifts that the lady Catalina gave Isabela for the trip
were many;

los abrazos infinitos; las lágrimas en abundancia;

116.2

the hugs were infinite; the tears in abundance;

las encomiendas de que la escribiese, sin número;

116.3

the requests that she write to her, without number;

y los agradecimientos de Isabela y de sus padres
correspondieron a todo, de suerte que, aunque
llorando, los dejaron satisfechos.

116.4

and the gratitude of Isabela and her parents corresponded
to everything, so that, although crying, they were satisfied.

117.1 Aquella noche se hizo el bajel a la vela, y habiendo con próspero viento tocado en Francia y tomado en ella los recaudos necesarios, para poder entrar en España, de allí a treinta días entró por la barra de Cádiz, donde se desembarcaron Isabela y sus padres.

That night the ship set sail, and having touched in France with a prosperous wind and taken the necessary precautions to be able to enter Spain, thirty days later she entered the bar of Cadiz, where Isabela and her parents disembarked.

117.2 Y siendo conocidos de todos los de la ciudad,

And being known to everyone in the city,

117.3 los recibieron con muestras de mucho contento.

they received them with signs of great joy.

117.4 Recibieron mil parabienes del hallazgo de Isabela y de la libertad que habían alcanzado, ansí de los moros, que los habían cautivado, habiendo sabido todo su suceso de los cautivos a que dio libertad la liberalidad de Ricaredo, como de la que habían alcanzado de los ingleses.

They received a thousand praises of the discovery of Isabela and the freedom they had achieved, both from the Moors, who had captivated them, having known all their success of the captives to whom the liberality of Ricaredo gave freedom, as well as that which they had achieved from the English.

118.1 Ya Isabela en este tiempo comenzaba a dar grandes esperanzas de volver a cobrar su primera hermosura.

By this time Isabela was beginning to show great hopes of regaining her first beauty.

Poco más de un mes estuvieron en Cádiz, restaurando 118.2
los trabajos de la navegación, y luego se fueron a
Sevilla por ver si salía cierta la paga de los diez mil
ducados que, librados sobre el mercader francés,
traían.

A little more than a month they were in Cadiz, restoring
the work of navigation, and then they went to Seville to see
if the payment of the ten thousand ducats that they were
bringing, released on the French merchant, was certain.

Dos días después de llegar a Sevilla le buscaron, 118.3
Two days after arriving at Seville they looked for him,

y le hallaron; 118.4
and found him;

y le dieron la carta del mercader francés de la ciudad 118.5
de Londres.
and they gave him the letter of the French merchant of the
city of London.

Él la reconoció, y dijo que hasta que de París le 118.6
viniesen las letras y carta de aviso no podía dar el
dinero; pero que por momentos aguardaba el aviso.

He recognized it, and said that until the letters and the
letter of notice came from Paris he could not give the
money, but that he was waiting for the notice.

Los padres de Isabela alquilaron una casa principal, 119.1
frontero de santa Paula, por ocasión que estaba
monja en aquel santo monasterio una sobrina suya,
única y extremada en la voz.

Isabela's parents rented a main house, in front of St.
Paula's, because a niece of hers was a nun in that holy
monastery, unique and extreme in her voice.

119.2 Y así, por tenerla cerca, como por haber dicho Isabela a Ricaredo que, si viniese a buscarla la hallaría en Sevilla, y le diría su casa su prima la monja de santa Paula, y que para conocella no había menester más de preguntar por la monja que tenía la mejor voz en el monasterio, porque estas señas no se le podían olivdar.

And so, to have her nearby, as Isabela had told Ricaredo that, if he came to look for her, he would find her in Seville, and his cousin, the nun of St. Paula, would tell him her house, and that to know her he had no more need to ask for the nun who had the best voice in the monastery, because these signs could not be forgotten.

120.1 Otros cuarenta días tardaron de venir los avisos de París;

It took another forty days for the notices to come from Paris;

120.2 y a dos días que llegaron, el mercader francés entregó los diez mil ducados a Isabela, y ella a sus padres.

and two days after they arrived, the French merchant delivered the ten thousand ducats to Isabela, and she to her parents.

120.3 Y con ellos, y con algunos más que hicieron vendiendo algunas de las muchas joyas de Isabela, volvió su padre a ejercitar su oficio de mercader, no sin admiración de los que sabían sus grandes pérdidas.

And with them, and with some more that they made by selling some of Isabela's many jewels, her father returned to exercise his trade as a merchant, not without the admiration of those who knew of his great losses.

En fin, en pocos meses fue restaurando su perdido crédito, y la belleza de Isabela volvió a su ser primero, de tal manera, que en hablando de hermosas, todos daban el lauro a la española inglesa, que tanto por este nombre, como por su hermosura, era de toda la ciudad conocida.

120.4

In short, in a few months he was restoring his lost credit, and the beauty of Isabela returned to its first being, in such a way, that in speaking of beautiful, all gave the laurels to the Spanish Englishwoman, that both by this name, as for her beauty, was known throughout the city.

Por la orden del mercader francés de Sevilla, escribieron Isabela y sus padres a la reina de Inglaterra su llegada, con los agradecimientos y sumisiones que requerían las muchas mercedes della recebidas.

121.1

By the order of the French merchant of Seville, Isabela and her parents wrote to the Queen of England of their arrival, with the thanks and submissions required by the many mercies they had received from her.

Asimismo, escribieron a Clotaldo y a su señora Catalina, llamándolos Isabela padres, y sus padres señores.

121.2

Likewise, they wrote to Clotaldo and his lady Catalina, calling them Isabela parents, and her parents lords.

121.3 De la reina no tuvieron respuesta, pero de Clotaldo y de su mujer sí, donde les daban el parabién de la llegada a salvo, y los avisaban como su hijo Ricaredo, otro día después que ellos se hicieron a la vela, se había partido a Francia, y de allí a otras partes donde le convenía a ir para seguridad de su conciencia, añadiendo a éstas, otras razones y cosas de mucho amor y de muchos ofrecimientos.

From the queen they had no answer, but from Clotaldo and his wife they did, in which they gave them the greeting of their safe arrival, and informed them how their son Ricaredo, the day after they had set sail, had left for France, and from there to other places where it was convenient for him to go for the safety of his conscience, adding to these other reasons and things of much love and many offers.

121.4 A la cual carta,

To which letter,

121.5 respondieron con otra no menos cortés y amorosa que agradecida.

they replied with another no less courteous and loving than grateful.

121.6 Luego imaginó Isabela que el haber dejado Ricaredo a Inglaterra sería para venirla a buscar a España;

Then Isabella imagined that Ricaredo had left England to come and fetch her to Spain;

y alentada con esta esperanza vivía la más contenta
del mundo, y procuraba vivir de manera que cuando
Ricaredo llegase a Sevilla, antes le diese en los oídos
la fama de sus virtudes que el conocimiento de su
casa.

121.7

and encouraged by this hope she lived the happiest life
in the world, and tried to live in such a way that when
Ricaredo arrived in Seville, the fame of his virtues would
sooner give her ears than the knowledge of his house.

Pocas o ninguna vez salía de su casa, si no para el
monasterio;

122.1

He rarely, if ever, left his house, except for the monastery;

no ganaba otros jubileos, que aquellos que en el
monasterio se ganaban.

122.2

he did not earn any jubilees other than those that were
earned in the monastery.

Desde su casa, y desde su oratorio, andaba con el
pensamiento los viernes de cuaresma la santísima
estación de la cruz, y los siete venideros del espíritu
santo.

122.3

From his house, and from his oratory, he walked with his
thoughts on the Fridays of Lent the most holy station of the
cross, and the seven coming ones of the holy spirit.

Jamás visitó el río, ni pasó a Triana, ni vio el común
regocijo en el campo de Tablada y puerta de Jerez el
día, se le hace claro, de san Sebastián, celebrado de
tanta gente, que apenas se puede reducir a número.

122.4

He never visited the river, nor passed to Triana, nor saw
the common rejoicing in the field of Tablada and door of
Jerez on the day, it is clear, of St. Sebastian, celebrated by
so many people, that it can hardly be reduced to number.

122.5 **Finalmente, no vio regocijo público, ni otra fiesta en Sevilla;**

Finally, he saw no public rejoicing, nor any other feast in Seville;

122.6 **todo lo libraba en su recogimiento, y en sus oraciones y buenos deseos, esperando a Ricaredo.**

everything was spent in his recollection, and in his prayers and good wishes, waiting for Ricaredo.

122.7 **Este su gran retraimiento tenía abrasados y encendidos los deseos, no sólo de los pisaverdes del barrio, sino de todos aquellos que una vez la hubiesen visto.**

This her great withdrawal had the desires burning and burning, not only of the pisaverdes of the neighborhood, but of all those who had once seen her.

122.8 **De aquí nacieron músicas de noche en su calle,**

From this music was born at night in her street,

122.9 **carreras de día;**

races during the day;

122.10 **deste no dejar verse, y desearlo muchos, crecieron las alhajas de las terceras que prometieron mostrarse primas y únicas en solicitar a Isabela.**

from this not being able to see each other, and the desire of many, grew the jewels of the third ones who promised to show themselves cousins and the only ones to ask for Isabela.

122.11 **Y no faltó quien se quiso aprovechar de lo que llaman hechizos,**

And there was no lack of those who wanted to take advantage of what they call spells,

que no son sino embustes y disparates.

122.12

which are nothing but tricks and nonsense.

Pero a todo esto, estaba Isabela como roca en mitad del mar, que la tocan, pero no la mueven las olas ni los vientos.

122.13

But in all this, Isabela was like a rock in the middle of the sea, which is touched, but not moved by the waves or the winds.

Año y medio era ya pasado cuando la esperanza propincua de los dos años por Ricaredo prometidos comenzó, con más ahinco que hasta allí, a fatigar el corazón de Isabela.

123.1

A year and a half had already passed, when the protracted hope of the two years promised by Ricaredo began, with more determination than before, to weary Isabela's heart.

Y cuando ya le parecía que su esposo llegaba y que le tenía ante los ojos, y le preguntaba qué impedimentos le habían detenido tanto, cuando ya llegaban a sus oídos las disculpas de su esposo, y cuando ya ella le perdonaba y le abrazaba y, como a mitad de su alma le recebía, llegó a sus manos una carta de la señora Catalina, fecha en Londres cincuenta días había.

123.2

And when it already seemed to her that her husband was arriving and that she had him before her eyes, and she was asking him what impediments had detained him so much, when her husband's apologies were already reaching her ears, and when she was already forgiving him and embracing him and, as if in the middle of her soul she was receiving him, a letter arrived in her hands from the lady Catalina, dated fifty days before in London.

123.3 **Venía en lengua inglesa, pero leyéndola en español, vio que así decía:**

It was in English, but reading it in Spanish, he saw that it read as follows:

124.1 **Hija de mi alma, bien conociste a Guillarte, el paje de Ricaredo.**

Daughter of my soul, you knew Guillarte, Ricaredo's page.

124.2 **Éste se fue con él al viaje, que por otra te avisé, que Ricaredo a Francia, y a otras partes, había hecho el segundo día de tu partida.**

He went with him on the journey that Ricaredo had made to France and elsewhere on the second day of your departure.

124.3 **Pues este mismo Guillarte, a cabo de diez y seis meses que no habíamos sabido de mi hijo, entró ayer por nuestra puerta con nuevas que el conde Arnesto había muerto a traición en Francia a Ricaredo.**

For this same Guillarte, after sixteen months that we had not heard from my son, entered our door yesterday with news that Count Arnesto had treacherously killed Ricaredo in France.

124.4 **Considera, hija, cuál quedaríamos su padre y yo, y su esposa, con tales nuevas;**

Consider, daughter, what his father and I, and his wife, would be left with such tidings;

124.5 **tales, digo, que aún no nos dejaron poner en duda nuestra desventura.**

such, I say, that we were not yet left to question our misfortune.

Lo que Clotaldo y yo te rogamos otra vez, hija de mi alma, es que encomiendes muy de veras a Dios la alma de Ricaredo, que bien merece este beneficio el que tanto te quiso, como tú sabes. 124.6

What Clotaldo and I beg you again, daughter of my soul, is that you commend the soul of Ricaredo to God, for he who loved you so much, as you know, well deserves this benefit.

También pedirás a nuestro Señor nos dé a nosotros paciencia y buena muerte, a quien nosotros también pediremos y suplicaremos te dé a ti, y a tus padres largos años de vida. 124.7

You will also ask our Lord to give us patience and a good death, whom we will also ask and beseech to give you and your parents long years of life.

Por la letra, y por la firma, no le quedó que dudar a Isabela, para no creer la muerte de su esposo. 125.1

From the handwriting and the signature, Isabela had no reason to doubt that her husband was dead.

Conocía muy bien al paje Guillarte y sabía que era verdadero y que de suyo no habría querido, ni tenía para qué fingir aquella muerte, ni menos su madre, la señora Catalina la habría fingido, por no importarle nada enviarle nuevas de tanta tristeza. 125.2

She knew the page Guillarte very well and knew that it was true and that he would not have wanted, nor had any reason to pretend that death, nor would his mother, the lady Catalina, have pretended it, because she did not care to send him news of such sadness.

125.3 Finalmente, ningún discurso que hizo, ninguna cosa
que imaginó, le pudo quitar del pensamiento no ser
verdadera la nueva de su desventura.

Finally, no speech he made, nothing he imagined, could
take away from his mind that the news of his misfortune
was not true.

126.1 Acabada de leer la carta, sin derramar lágrimas,
ni dar señales de doloroso sentimiento, con sesgo
rostro y, al parecer, con sosegado pecho, se levantó
de un estrado donde estaba sentada y se entró en un
oratorio;

When she had finished reading the letter, without
shedding tears or giving any sign of painful feeling, with a
calm face and, it seemed, with a calm chest, she rose from a
dais where she was seated and went into an oratory;

126.2 y hincándose de rodillas ante la imagen de un devoto
crucifijo hizo voto de ser monja, pues lo podía ser
teniéndose por viuda.

and kneeling before the image of a devout crucifix, she
vowed to be a nun, since she could be one if she were a
widow.

126.3 Sus padres disimularon, y encubrieron con
discreción, la pena que les había dado la triste nueva,
por poder consolar a Isabela en la amarga pena que
sentía;

Her parents concealed, and concealed with discretion,
the sorrow that the sad news had given them, in order to
console Isabella in the bitter grief she felt;

la cual casi como satisfecha de su dolor, templándole 126.4
con la santa y christiana resolución que había
tomado, ella consolaba a sus padres.

who almost as if satisfied with her pain, tempering it
with the holy and Christian resolution she had taken,
she consoled her parents.

A los cuales, descubrió su intento y ellos le 126.5
aconsejaron que no le pusiese en ejecución hasta
que pasasen los dos años que Ricaredo había puesto
por término de su venida, que con esto se confirmaría
la verdad de la muerte de Ricaredo, y ella con más
seguridad podía mudar de estado.

To them she revealed her intention, and they advised her
not to put it into effect until the two years had passed that
Ricaredo had set for the term of his coming, since this
would confirm the truth of Ricaredo's death, and she could
change her state with greater certainty.

Ansí lo hizo Isabela, y los seis meses y medio que 126.6
quedaban, para cumplirse los dos años, los pasó en
ejercicios de religiosa y en concertar la entrada del
monasterio, habiendo elegido el de santa Paula donde
estaba su prima.

Isabella did so, and the six and a half months that remained
before the two years were up, she spent in religious
exercises and in arranging the entrance to the monastery,
having chosen that of St. Paula where her cousin was.

Pasóse el término de los dos años, y llegóse el día de 127.1
tomar el hábito, cuya nueva se extendió por la ciudad,
y de los que conocían de vista a Isabela, y de aquellos
que por sola su fama, se llevó el monasterio.

The two years passed, and the day came for her to take the
habit, the news of which spread through the city, and from
those who knew Isabela by sight, and from those who, by
her fame alone, took the monastery.

127.2 Y la poca distancia que dél a la casa de Isabela había, y convidando su padre a sus amigos, y aquéllos a otros, hicieron a Isabela uno de los más honrados acompañamientos, que en semejantes actos se había visto en Sevilla.

And the little distance that there was from him to the house of Isabela, and inviting his father to his friends, and those to others, they made Isabela one of the most honored accompaniments, that in similar acts had been seen in Seville.

127.3 Hallóse en él el asistente, y el provisor de la Iglesia, y vicario del arzobispo, con todas las señoras y señores de título, que había en la ciudad.

The attendant, and the vicar of the Church, and the vicar of the archbishop, with all the ladies and gentlemen of title, who were in the city, were present.

127.4 Tal era el deseo que en todos había de ver el sol de la hermosura de Isabela,

Such was the desire in all of them to see the sun of Isabela's beauty,

127.5 que tantos meses se les había eclipsado.

which had been eclipsed for so many months.

127.6 Y como es costumbre de las doncellas que van a tomar el hábito ir lo posible galanas y bien compuestas, como quien en aquel punto echa el resto de la bizarría, y se descarta della.

And as is the custom of the maidens who are going to take the habit to go as gallant and well composed as possible, as one who at that point throws the rest of the bizarre, and discards it.

Quiso Isabela ponerse lo más bizarra que le fue posible. 128.1

Isabela wanted to be as bizarre as possible.

Y así, se vistió con aquel vestido mismo que llevó cuando fue a ver la reina de Inglaterra, que ya se ha dicho cuán rico y cuán vistoso era. 128.2

And so she dressed in the same dress she wore when she went to see the Queen of England, which we have already seen how rich and colorful it was.

Salieron a luz las perlas, y el famoso diamante, con el collar y cintura que asimismo era de mucho valor. 128.3

The pearls came out, and the famous diamond, with the necklace and girdle which likewise was of much value.

Con este adorno, y con su gallardía, dando ocasión para que todos alabasen a Dios en ella, salió Isabela de su casa a pie, que el estar tan cerca el monasterio excusó los coches y carrozas. 128.4

With this adornment, and with her gallantry, giving occasion for all to praise God in it, Isabela left her house on foot, which being so close to the monastery excused the cars and carriages.

El concurso de la gente fue tanto, que les pesó de no haber entrado en los coches, que no les daban lugar de llegar al monasterio. 128.5

The people were so well attended that they were sorry they had not entered the carriages, which did not give them time to get to the monastery.

128.6 Unos bendecían a sus padres; otros al cielo que de tanta hermosura la había dotado; unos se empinaban por verla; otros, habiendola visto una vez, corrían adelante por verla otra.

Some blessed her parents; others blessed the heaven that had endowed her with so much beauty; others, having seen her once, ran forward to see her again.

128.7 Y el que más solícito se mostró en esto, y tanto que muchos echaron de ver en ello fue un hombre vestido en hábito de los que vienen rescatados de cautivos, con una insignia de la Trinidad en el pecho, en señal que han sido rescatados por la limosna de sus redemptores.

And the one who showed himself most solicitous in this, and so much so that many were eager to see it, was a man dressed in the habit of those who come ransomed from captivity, with an insignia of the Trinity on his breast, as a sign that they had been ransomed by the alms of their redeemers.

128.8 Este cautivo, pues, al tiempo que ya Isabela tenía un pie dentro de la portería del convento, donde habían salido a recebirla como es uso, la priora y las monjas con la cruz, a grandes voces dijo:

This captive, then, at the time that Isabela already had one foot inside the doorway of the convent, where the prioress and the nuns with the cross had gone out to receive her as is the custom, with loud voices he said:

129.1 — ¡Detente, Isabela, detente! que mientras yo fuere vivo,

— Stop, Isabela, stop! As long as I am alive,

129.2 no puedes tú ser religiosa.

you cannot be a nun.

A estas voces, Isabela y sus padres volvieron los ojos y
vieron que, hendiendo por toda la gente, hacia ellos
venía aquel cautivo;

130.1

At these voices, Isabela and her parents turned their eyes
and saw that, fleeing through all the people, the captive
was coming towards them;

que habiéndosele caído un bonete azul redondo, que
en la cabeza traía, descubrió una confusa madeja
de cabellos de oro ensortijados, y un rostro como el
carmín y como la nieve, colorado y blanco;

130.2

and having dropped a round blue hood, which he wore on
his head, he discovered a confused skein of curled golden
hair, and a face like crimson and snow, red and white;

señales que luego le hicieron conocer y juzgar por
extranjero de todos.

130.3

signs that soon made him known and judged him to be a
stranger to all.

En efecto, cayendo y levantando, llegó donde Isabela
estaba, y asiéndola de la mano le dijo:

130.4

In fact, falling and rising, he arrived where Isabela was,
and taking her by the hand, he said to her:

— ¿Conócesme, Isabela? Mira que yo soy Ricaredo, tu
esposo.

131.1

— Do you know me, Isabela? Look, I am Ricaredo, your
husband.

— Sí, conozco — dijo Isabela — , si ya no eres
fantasma, que viene a turbar mi reposo.

132.1

— Yes, I know," said Isabella, "if you are no longer a ghost,
who comes to disturb my repose.

133.1 **Sus padres le asieron, y atentamente le miraron;**

His parents took hold of him, and looked at him attentively;

133.2 **y, en resolución, conocieron ser Ricaredo el cautivo.**

and, in resolution, they knew him to be Ricaredo the captive.

133.3 **El cual, con lágrimas en los ojos, hincando las rodillas delante de Isabela, le suplicó que no impidiese la extrañeza del traje en que estaba su buen conocimiento, ni estorbase su baja fortuna, que ella no correspondiese a la palabra que entre los dos se habían dado.**

Who, with tears in his eyes, kneeling before Isabella, begged her not to let the strangeness of the costume in which his good knowledge was, nor his low fortune hinder him, that she should not correspond to the word they had given each other.

134.1 **Isabela, a pesar de la impresión que en su memoria había hecho la carta de su madre de Ricaredo, dándole nuevas de su muerte, quiso dar más crédito a sus ojos, y a la verdad que presente tenía.**

Isabela, in spite of the impression that her mother's letter from Ricaredo had made on her memory, giving her news of his death, wanted to give more credence to her eyes, and to the truth that was present.

134.2 **Y así abrazándose con el cautivo, le dijo:**

And so, embracing the captive, she said to him:

135.1 **— Vos, sin duda, señor mío, sois aquel que sólo podrá impedir mi christiana determinación;**

— You, no doubt, my lord, are the only one who can prevent my Christian determination;

vos, señor, sois sin duda la mitad de mi alma, pues   135.2
sois mi verdadero esposo;

you, sir, are undoubtedly half of my soul, for you are my
true husband;

estampado os tengo en mi memoria, y guardado en   135.3
mi alma.

I have you stamped in my memory, and kept in my soul.

Las nuevas que de vuestra muerte me escribió mi   135.4
señora, y vuestra madre, ya que no me quitaron la
vida, me hicieron escoger la de la religión, que en este
punto quería entrar a vivir en ella.

The news that my mistress and your mother wrote me of
your death, since they did not take my life, made me choose
that of religion, which at this point I wanted to enter to
live in it.

Mas, pues Dios con tan justo impedimento muestra   135.5
querer otra cosa, ni podemos, ni conviene, que por mi
parte, se impida.

But, since God with such a just impediment shows that He
wants something else, we cannot, nor is it convenient, on
my part, to prevent it.

Venid, señor, a la casa de mis padres, que es vuestra,   135.6
y allí os entregaré mi posesión por los términos que
pide nuestra santa fe cathólica.

Come, sir, to the house of my parents, which is yours, and
there I will give you my possession on the terms required by
our holy Catholic faith.

136.1 **Todas estas razones oyeron los circunstantes, y el asistente, y vicario, y provisor del arzobispo, y de oírlas se admiraron y suspendieron.**

All these reasons were heard by the bystanders, and by the assistant, vicar, and the archbishop's provisor, and upon hearing them, they were amazed and suspended.

136.2 **Y quisieron que luego se les dijese que qué historia era aquella, qué extranjero aquél y de qué casamiento trataban.**

And they wanted to be told immediately what the story was, what foreigner was that one, and what marriage they were talking about.

136.3 **A todo lo cual respondió el padre de Isabela diciendo que aquella historia pedía otro lugar,**

To all of which Isabela's father responded by saying that the story needed another place,

136.4 **y algún término para decirse.**

and some other term to be told.

136.5 **Y así, suplicaba a todos aquellos que quisiesen saberla, diesen la vuelta a su casa, pues estaba tan cerca;**

And so he begged all those who wanted to know it to go back to his house, since it was so near;

136.6 **que allí se la contarían de modo que con la verdad quedasen satisfechos y, con la grandeza y extrañeza de aquel suceso, admirados.**

that there they would tell it to him in such a way that they would be satisfied with the truth and, with the greatness and strangeness of that event, admired.

136.7 **En esto, uno de los presentes alzó la voz, diciendo:**

At this, one of those present raised his voice, saying:

— Señores, este mancebo es un gran corsario inglés,   137.1
que yo le conozco;
— Gentlemen, this young man is a great English corsair,
whom I know;

y es aquel que, habrá poco más de dos años, tomó a los   137.2
corsarios de Argel la nave de Portugal que venía de las
Indias.
and he is the one who, a little more than two years ago, took
from the corsairs of Algiers the Portuguese ship that was
coming from the Indies.

No hay duda, sino que es él;   137.3
There is no doubt but that it is he;

que yo le conozco porque él me dio libertad y dineros,   137.4
para venirme a España;
that I know him because he gave me liberty and money to
come to Spain;

y no sólo a mí, sino a otros trescientos cautivos.   137.5
and not only to me, but to three hundred other captives.

Con estas razones se alborotó la gente y se avivó el   138.1
deseo que todos tenían de saber y ver la claridad de
tan intrincadas cosas.
With these reasons, the people were in an uproar and the
desire that everyone had to know and see the clarity of such
intricate things was enlivened.

138.2 **Finalmente, la gente más principal, con el asistente y aquellos dos señores eclesiásticos, volvieron a acompañar a Isabela a su casa, dejando a las monjas tristes, confusas y llorando por lo que perdían en tener en su compañía a la hermosa Isabela.**

Finally, the most important people, with the assistant and those two ecclesiastical gentlemen, returned to accompany Isabela to her house, leaving the nuns sad, confused and crying for what they were losing in having the beautiful Isabela in their company.

138.3 **La cual, estando en su casa, en una gran sala della, hizo que aquellos señores se sentasen;**

And when she was in her house, in a large room, she made the lords sit down;

138.4 **y, aunque Ricaredo quiso tomar la mano en contar su historia, toda vía le pareció que era mejor fiarlo de la lengua y discreción de Isabela, y no de la suya, que no muy expertamente hablaba la lengua castellana.**

and although Ricaredo wanted to take her hand in telling her story, it seemed to him that it was better to rely on Isabela's language and discretion, and not on his own, who did not speak Castilian very well.

139.1 **Callaron todos los presentes, y teniendo las almas pendientes de las razones de Isabela, ella así comenzó su cuento.**

All those present were silent, and having their souls intent on Isabela's reasons, she thus began her tale.

139.2 **El cual le reduzco yo a que dijo todo aquello que desde el día que Clotaldo la robó en Cádiz,**

Which I reduce to him that she told all that from the day that Clotaldo stole her in Cadiz, hasta que entró y volvió a él le había sucedido;   139.3

until she entered and returned to him had happened to her;

contando, asimismo, la batalla que Ricaredo había   139.4
tenido con los turcos, la liberalidad que había usado
con los christianos, la palabra que entrambos a dos se
habían dado de ser marido y mujer, la promesa de los
dos años, las nuevas que había tenido de su muerte,
tan ciertas a su parecer que la pusieron en el término
que habían visto de ser religiosa;

telling, also, the battle that Ricaredo had had with the
Turks, the liberality that he had used with the Christians,
the word that both had given each other to be husband and
wife, the promise of the two years, the news that she had
had of his death, so certain in her opinion that they put it in
the term that they had seen to be religious;

engrandeció la liberalidad de la reina, la christiandad   139.5
de Ricaredo y de sus padres, y acabó con decir que
dijese Ricaredo lo que le había sucedido después que
salió de Londres, hasta el punto presente, donde le
veían con hábito de cautivo y con una señal de haber
sido rescatado por limosna.

He extolled the liberality of the queen, the Christianity
of Ricaredo and his parents, and ended by saying that
Ricaredo should tell what had happened to him after he left
London, up to the present point, where he was seen in the
habit of a captive and with a sign of having been ransomed
for alms.

— Así es — dijo Ricaredo — , y en breves razones   140.1
sumaré los inmensos trabajos míos.

— That's right," said Ricaredo, "and in a few words I'll add
up my immense labors.

246

140.2 Después que me partí de Londres, por excusar el casamiento que no podía hacer con Clisterna, aquella doncella escocesa cathólica con quien ha dicho Isabela que mis padres me querían casar, llevando en mi compañía a Guillarte, aquel paje que mi madre escribe que llevó a Londres las nuevas de mi muerte, atravesando por Francia, llegué a Roma donde se alegró mi alma y se fortaleció mi fe.

After I left London, to excuse the marriage that I could not make with Clisterna, that Scottish Catholic maiden with whom Isabella said that my parents wanted me to marry, taking in my company Guillarte, that page that my mother writes that brought to London the news of my death, passing through France, I arrived in Rome where my soul rejoiced and my faith was strengthened.

140.3 Besé los pies al sumo pontífice;

I kissed the feet of the Supreme Pontiff;

140.4 confesé mis pecados con el mayor penitenciero;

I confessed my sins with the greatest penitentiary;

140.5 absolvióme dellos, y diome los recaudos necesarios que diesen fe de mi confesión y penitencia, y de la reducción que había hecho a nuestra universal madre la Iglesia.

he absolved me of them, and gave me the necessary documents to attest my confession and penance, and the reduction I had made to our universal mother the Church.

140.6 Hecho esto, visité los lugares tan santos como innumerables que hay en aquella ciudad santa.

Having done this, I visited the holy places in that holy city, as holy as they are innumerable.

Y de dos mil escudos que tenía en oro, di los mil y seiscientos a un cambio que me los libró en esta ciudad, sobre un tal Roqui florentín.

140.7

And of the two thousand escudos that I had in gold, I gave the one thousand and six hundred to an exchanger who liberated them for me in this city, on a certain Roqui Florentin.

Con los cuatrocientos que me quedaron, con intención de venir a España, me partí para Génova donde había tenido nuevas que estaban dos galeras de aquella señoría de partida para España.

140.8

With the four hundred that remained to me, with the intention of coming to Spain, I left for Genoa, where I had received news that two galleys of that lordship were leaving for Spain.

»Llegué con Guillarte mi criado a un lugar que se llama Aquapendente que, viniendo de Roma a Florencia es el último que tiene el papa, y en una hostería, o posada, donde me apeé, hallé al conde Arnesto, mi mortal enemigo, que con cuatro criados, disfrazado y encubierto, más por ser curioso que por ser cathólico, entiendo, que iba a Roma.

141.1

"I arrived with Guillarte my servant at a place called Aquapendente, which, coming from Rome to Florence is the last that the pope has, and in an inn, or posada, where I alighted, I found Count Arnesto, my mortal enemy, who with four servants, disguised and concealed, more because he was curious than because he was a Catholic, I understand, that he was going to Rome.

Creí sin duda que no me había conocido.

141.2

I thought without doubt that he had not met me.

Encerréme en un aposento con mi criado,

141.3

I locked myself in a room with my servant,

141.4 y estuve con cuidado y con determinación de
mudarme a otra posada en cerrando la noche.

and I was careful and determined to move to another inn at
nightfall.

141.5 No lo hice ansí porque el descuido grande que no sé
que tenían el conde y sus criados me aseguró que no
me habían conocido.

I did not do so because the great carelessness that I do not
know that the count and his servants had assured me that
they had not met me.

141.6 Cené en mi aposento, cerré la puerta, aprecibí mi
espada, encomendéme a Dios, y no quise acostarme.

I had supper in my room, closed the door, took up my
sword, commended myself to God, and did not want to go
to bed.

142.1 »Durmióse mi criado y yo, sobre una silla, me quedé
medio dormido;

"My servant fell asleep, and I, on a chair, remained half
asleep;

142.2 mas poco después de la media noche,

but shortly after midnight,

142.3 me despertaron para hacerme dormir el eterno
sueño.

they woke me up to make me sleep the eternal sleep.

142.4 Cuatro pistoletes, como después supe, dispararon
contra mí el conde y sus criados, y dejándome por
muerto.

The Count and his servants fired four pistols at me, as I later
learned, leaving me for dead.

Teniendo ya a punto los caballos, se fueron, diciendo   142.5
al huésped de la posada que me enterrase, porque era
hombre principal, y con esto se fueron.

Having the horses ready, they left, telling the host of the
inn to bury me, because I was a principal man, and with
that they left.

»Mi criado, según dijo después el huésped, despertó   143.1
al ruido y con el miedo se arrojó por una ventana que
caía a un patio y, diciendo:

"My servant, as the host said afterwards, awoke to the noise
and in fear threw himself out of a window that fell into a
courtyard and, saying:

«¡Desventurado de mí, que han muerto a mi señor!»,   143.2

'Woe is me, that they have killed my master!',

se salió del mesón.   143.3

he went out of the inn.

Y debió de ser con tal miedo que no debió de parar   143.4
hasta Londres,

And it must have been with such fear that he must not have
stopped until London,

pues él fue el que llevó las nuevas de mi muerte.   143.5

for he was the one who brought the news of my death.

»Subieron los de la hostería y halláronme atravesado   144.1
con cuatro balas y con muchos perdigones,

"The men from the inn came up and found me pierced with
four bullets and many pellets,

pero todas por partes que de ninguna fue mortal la   144.2
herida.

but all of them in such parts that none of them were mortal
wounds.

144.3 Pedí confesión y todos los sacramentos,
I asked for confession and all the sacraments,

144.4 como cathólico christiano; diéronmelos; curáronme;
as a Christian Catholic; they gave them to me; they
cured me;

144.5 y no estuve para ponerme en camino en dos meses.
and I was not on my way for two months.

144.6 Al cabo de los cuales, vine a Génova, donde no hallé
otro pasaje, sino en dos falugas que fletamos yo y
otros dos principales españoles;
At the end of which, I came to Genoa, where I found no
other passage, but in two falugas that I and two other
principal Spaniards chartered;

144.7 la una para que fuese delante descubriendo y la otra
donde nosotros fuésemos.
the one to go ahead discovering and the other where we
would go.

145.1 »Con esta seguridad nos embarcamos,
"With this assurance we embarked,

145.2 navegando tierra a tierra con intención de no
engolfarnos.
sailing land to land with the intention of not getting
engulfed.

145.3 Pero llegando a un paraje que llaman las Tres Marías,
que es en la costa de Francia, yendo nuestra primera
faluga descubriendo, a deshora salieron de una cala
dos galeotas turquescas.
But arriving at a place they call the Three Marias, which
is on the coast of France, our first faluga discovering, two
turquoise galleots came out of a cove at an untimely hour.

Y, tomándonos la una la mar y la otra la tierra, 145.4
cuando íbamos a embestir en ella, nos cortaron el
camino y nos cautivaron.

And, the one taking us the sea and the other the land,
when we were about to ram into it, they cut us off and
captivated us.

En entrando en la galeota nos desnudaron, hasta 145.5
dejarnos en carnes;

Entering the galleot, they stripped us naked, until they left
us in the flesh;

despojaron las falugas de cuanto llevaban, y 145.6
dejáronlas embestir en tierra, sin echallas a fondo,
diciendo que aquéllas les servirían otra vez de traer
otra galima, que con este nombre llaman ellos a los
despojos que de los christianos toman.

they stripped the falugas of everything they were carrying,
and let them ram them on land, without throwing them
to the bottom, saying that they would serve them again to
bring another galley, which is the name they call the spoils
that they take from the Christians.

»Bien se me podrá creer si digo, que sentí en el alma 146.1
mi cautiverio, y sobre todo la pérdida de los recaudos
de Roma, donde en una caja de lata los traía, con la
cédula de los mil y seiscientos ducados.

"It will be well believed if I say that I felt in my soul my
captivity, and above all the loss of the money from Rome,
where I had brought it in a tin box, with the warrant for the
thousand and six hundred ducats.

Mas, la buena suerte quiso que viniese a manos de un 146.2
christiano cautivo español, que las guardó;

But, as luck would have it, they came into the hands of a
Spanish Christian captive, who kept them;

146.3 que si vinieran a poder de los turcos, por lo menos había de dar por mi rescate lo que rezaba la cédula, que ellos averiguaran cúya era.

that if they came into the hands of the Turks, at least I had to give for my ransom what the letter said, so that they would find out what it was.

147.1 »Trujéronnos a Argel,

"They took us to Algiers,

147.2 donde hallé que estaban rescatando los padres de la santísima Trinidad.

where I found that the fathers of the Most Holy Trinity were rescuing us.

147.3 Hablélos; díjeles quién era;

I spoke to them; told them who I was;

147.4 y movidos de caridad, aunque yo era extranjero, me rescataron en esta forma:

and moved with charity, although I was a foreigner, they rescued me in this way:

147.5 que dieron por mí trescientos ducados, los ciento luego, y los doscientos cuando volviese el bajel de la limosna a rescatar al padre de la Redempción, que se quedaba en Argel, empeñado en cuatro mil ducados;

that they gave for me three hundred ducats, the hundred immediately, and the two hundred when I returned the boat of alms to rescue the father of the Redemption, who remained in Algiers, pawned for four thousand ducats;

147.6 que había gastado más de los que traía.

that he had spent more than he had brought with him.

Porque a toda esta misericordia y liberalidad se
extiende la caridad destos padres,

147.7

For to all this mercy and liberality extends the charity of
these fathers,

que dan su libertad por la ajena y se quedan cautivos
por rescatar los cautivos.

147.8

who give their freedom for the freedom of others and
remain captives to ransom captives.

»Por añadidura del bien de mi libertad,

148.1

"In addition to the good of my freedom,

hallé la caja perdida con los recaudos y la cédula.

148.2

I found the lost box with the receipts and the certificate.

Mostrésela al bendito padre que me había rescatado,
y ofrecíle quinientos ducados más de los de mi
rescate, para ayuda de su empeño.

148.3

I showed it to the blessed father who had ransomed me,
and offered him five hundred ducats more than my ransom,
to help him in his endeavor.

Casi un año se tardó en volver la nave de la limosna,
y lo que en este año me pasó, a poderlo contar ahora,
fuera otra nueva historia.

148.4

It took almost a year for the alms ship to return, and what
happened to me during that year, if I could tell it now,
would be another story.

Sólo diré que fui conocido de uno de los veinte turcos
que di libertad,

148.5

I will only say that I was known to one of the twenty Turks
that I gave liberty to,

con los demás christianos ya referidos;

148.6

with the other Christians already mentioned;

148.7 y fue tan agradecido y tan hombre de bien que no
quiso descubrirme;

and he was so grateful and such a good man that he did not
want to discover me;

148.8 porque a conocerme los turcos, por aquel que había
echado a fondo sus dos bajeles y quitádoles de las
manos la gran nave de la India, o me presentaran al
gran turco, o me quitaran la vida;

because if the Turks knew me, because I had thrown their
two ships to the bottom and taken the great ship of India
out of their hands, either they would present me to the
great Turk or they would take my life;

148.9 y de presentarme al gran señor redundara no tener
libertad en mi vida.

and to present me to the great lord would result in not
having liberty in my life.

148.10 Finalmente, el padre redemptor vino a España
conmigo, y con otros cincuenta christianos
rescatados.

Finally, Father Redemptor came to Spain with me and fifty
other ransomed Christians.

148.11 En Valencia hicimos la procesión general, y desde
allí cada uno se partió donde más le plugo con las
insignias de su libertad, que son estos habiticos.

In Valencia we made the general procession, and from
there each one departed wherever he pleased with the
insignia of his freedom, which are these habiticos.

»Hoy llegué a esta ciudad con tanto deseo de ver a
Isabela mi esposa que sin detenerme a otra cosa,
pregunté por este monasterio donde me habían de
dar nuevas de mi esposa;

149.1

"Today I arrived in this city with so much desire to see
Isabela, my wife, that without stopping for anything else, I
asked about this monastery where I was to receive news of
my wife;

lo que en él me ha sucedido ya se ha visto.

149.2

what has happened to me there has already been seen.

Lo que queda por ver son estos recaudos para que
se pueda tener por verdadera mi historia, que tiene
tanto de milagrosa como de verdadera.

149.3

What remains to be seen are these details so that my story,
which is as miraculous as it is true, can be considered true.

Y luego, en diciendo esto, sacó de una caja de lata
los recaudos que decía, y se los puso en manos del
provisor, que los vio junto con el señor asistente, y no
halló en ellos cosa que le hiciese dudar de la verdad
que Ricaredo había contado.

150.1

And then, saying this, he took out of a tin box the
documents that he said, and placed them in the hands
of the provisor, who saw them together with the assistant,
and did not find in them anything that made him doubt the
truth that Ricaredo had told.

Y para más confirmación della, ordenó el cielo, que
se hallase presente a todo esto el mercader florentín,
sobre quien venía la cédula de los mil y seiscientos
ducados, el cual pidió que le mostrasen la cédula.

151.1

And for further confirmation, heaven ordered that the
Florentine merchant be present at all this, upon whom the
warrant for the one thousand and six hundred ducats came,
and he asked that the warrant be shown to him.

151.2 **Y mostrándosela, la reconoció y la aceptó para luego, porque él muchos meses había, que tenía aviso desta partida.**
And being shown it, he recognized it and accepted it immediately, because he had had notice of this departure for many months.

152.1 **Todo esto fue añadir admiración a admiración,**
All this was adding admiration to admiration,

152.2 **y espanto a espanto.**
and fright to fright.

152.3 **Ricaredo dijo que de nuevo ofrecía los quinientos ducados que había prometido.**
Ricaredo said that he again offered the five hundred ducats he had promised.

152.4 **Abrazó el asistente a Ricaredo y a sus padres de Isabela, y a ella, ofreciéndoseles a todos con corteses razones.**
The attendant embraced Ricaredo and his parents of Isabela, and her, offering them all with courteous reasons.

152.5 **Lo mismo hicieron los dos señores eclesiásticos;**
The two ecclesiastical lords did the same;

152.6 **y rogaron a Isabela que pusiese toda aquella historia por escrito,**
and they begged Isabela to put the whole story in writing,

152.7 **para que le leyese su señor el arzobispo;**
so that her lord the archbishop could read it to her;

152.8 **y ella lo prometió.**
and she promised to do so.

El grande silencio, que todos los circunstantes habían 153.1
tenido, escuchando el extraño caso, se rompió en dar
alabanzas a Dios por sus grandes maravillas y dando,
desde el mayor hasta el más pequeño, el parabién a
Isabel, a Ricaredo y a sus padres, los dejaron.

The great silence, that all the bystanders had had, listening
to the strange case, was broken in giving praise to God
for his great wonders and giving, from the eldest to the
smallest, the congratulations to Isabel, Ricaredo and his
parents, they left them.

Y ellos suplicaron al asistente que honrase sus bodas, 153.2

And they begged the attendant to honor their wedding,

que de allí a ocho días pensaban hacerlas. 153.3

which they intended to celebrate eight days from now.

Holgó de hacerlo así el asistente; 153.4

The attendant was pleased to do so;

y de allí a ocho días, acompañado de los más 153.5
principales de la ciudad, se halló en ellas.

and within eight days, accompanied by the most important
people of the city, he was there.

Por estos rodeos, y por estas circunstancias, los 154.1
padres de Isabela cobraron su hija y restauraron
su hacienda;

By these detours, and by these circumstances, Isabela's
parents collected their daughter and restored her estate;

154.2 y ella, favorecida del cielo y ayudada de sus muchas
virtudes, a despecho de tantos inconvenientes,
halló marido tan principal como Ricaredo, en cuya
compañía se piensa que aún hoy vive en las casas que
alquilaron frontero de santa Paula.

and she, favored by heaven and aided by her many virtues,
despite so many inconveniences, found a husband as
important as Ricaredo, in whose company it is thought
that she still lives today in the houses they rented on the
border of Santa Paula.

154.3 Que después, las compraron de los herederos de
un hidalgo burgalés, que se llamaba Hernando de
Cifuentes.

That later, they bought them from the heirs of a nobleman
from Burgos, whose name was Hernando de Cifuentes.

155.1 Esta novela nos podría enseñar cuánto puede la
virtud, y cuánto la hermosura, pues son bastantes
juntas, y cada una de por sí, a enamorar aun hasta los
mismos enemigos, y de cómo sabe el cielo sacar, de
las mayores adversidades nuestras, nuestros mayores
provechos.

This novel could teach us how much virtue can, and how
much beauty can, since they are enough together, and
each one by itself, to make even our enemies fall in love,
and how heaven knows how to draw, from our greatest
adversities, our greatest benefits.

Möwenstein Books

www.mowenstein.com

Renowned Authors

H. G. Wells · Ernest Hemingway
H. P. Lovecraft · Lewis Carroll
Franz Kafka · Friedrich Nietzsche
Albert Einstein · Oscar Wilde
Hans Christian Andersen

Notable Works

Frankenstein · *Alice in Wonderland*
Heart of Darkness · *The Great Gatsby*
Siddhartha · *The Metamorphosis*
Thus Spoke Zarathustra

Translation Services

We offer translation services in various languages, including German, Spanish, Chinese, Korean, Arabic, and more. For custom translations or revisions, please contact us at:

Email: translation@mowenstein.com

Our Collections

Franz Kafka Collection

- The Metamorphosis / Die Verwandlung
- The Trial / Der Prozess
- The Castle / Das Schloss
- and many more...

Pakt mit dem Teufel

- Faust Parts I & II by Johann Wolfgang von Goethe
- Doctor Faustus by Christopher Marlowe

Portraits of Irishmen

- The Picture of Dorian Gray by Oscar Wilde
- A Portrait of the Artist as a Young Man by James Joyce

Children's Classics

- Winnie-the-Pooh / Pu der Bär
- Brothers Grimm Fairy Tales
- Fairy Tales Told for Children
  - Author: Hans Christian Andersen

Visit Us

At Möwenstein Books, we are committed to providing high-quality bilingual editions of classic works. Explore our collections and discover more titles across various genres and languages.

Website: www.mowenstein.com